LOS SÍMBOLOS
DEL JUDAÍSMO

AHARÓN SHLEZINGER

LOS SÍMBOLOS
DEL JUDAÍSMO

EDICIONES OBELISCO

Si este libro le ha interesado y desea que le mantengamos informado de
nuestras publicaciones, escríbanos indicándonos qué temas son de su interés
(Astrología, Autoayuda, Ciencias Ocultas, Artes Marciales, Naturismo,
Espiritualidad, Tradición…) y gustosamente le complaceremos.

Puede consultar nuestro catálogo en www.edicionesobelisco.com

Colección Cábala y Judaísmo
Los símbolos del judaísmo
Aharón Shlezinger

1.ª edición: enero de 2022

Corrección: *TsEdi, Teleservicios Editoriales, S. L.*
Diseño de cubierta: *TsEdi, Teleservicios Editoriales, S. L.*

Edita: Ediciones Obelisco, S. L.
Collita, 23-25. Pol. Ind. Molí de la Bastida
08191 Rubí - Barcelona - España
Tel. 93 309 85 25
E-mail: info@edicionesobelisco.com

ISBN: 978-84-9111-811-4
Depósito Legal: B-19.043-2021

Impreso en los talleres gráficos de Romanyà/Valls S. A.
Verdaguer, 1 - 08786 Capellades - Barcelona

Printed in Spain

PRÓLOGO

Al hablar de los símbolos del judaísmo, es ineludible mencionar al Shabat y a las festividades. El Shabat es el día de reposo que comienza con la caída de la tarde del viernes y se prolonga hasta la salida de las estrellas del sábado. Para recibir a ese día tan especial y sagrado, se encienden dos velas, que se colocan generalmente sobre la mesa.[1] En ese día se visten ropas muy elegantes y se realizan comidas especiales que comienzan con la bendición sobre un vaso de vino –*kidush*–, y a continuación, se lavan las manos y se pronuncia la bendición sobre dos panes trenzados denominados *jalá*. Es un día en el que reina la alegría y no se realizan trabajos ni labores. Las dos velas, los dos panes trenzados y la copa de vino del *kidush* son símbolos identificativos muy populares del Shabat.

Y entre las festividades, hay dos que se prolongan durante una semana: la festividad de Sucot, que es la fiesta de las Cabañas, la cual se celebra de una manera muy peculiar, ya que los hijos de Israel dejan sus casas para morar en cabañas durante una semana completa. Se realizan comidas festivas muy alegres dentro de la cabaña, y se toman cuatro especies: el cidro denominado *etrog*, una palma de palmera denominada *lulav*, ramas de sauce y ramas de mirto. Y cada uno de esos procedimientos tiene sus simbolismos. Asimismo, está la festividad de Pesaj, en la cual se come pan ácimo denominado *matzá*, y durante una sema-

---

1. Se acostumbra a encender dos velas, aunque hay lugares en los cuales se encienden más.

na se evita por completo la levadura y todo lo leudado. En esta festividad también hay comidas festivas muy alegres.

Esas dos festividades son especiales porque se prolongan durante una semana, siendo la cabaña y el pan ácimo —*matzá*— los símbolos identificativos más populares de éstas. Y está la festividad de Shavuot, en la que se conmemora la entrega de la Torá, pues en ese día fueron entregadas las Tablas de la Ley, que contienen los Diez Mandamientos y son la base de la Torá. En esta festividad también hay comidas festivas muy alegres. Asimismo, está la festividad de la alegría de la Torá, denominada *Simja Torá*, que se celebra al finalizar la festividad de Sucot. En la misma se completa la lectura de toda la Torá después de leerse una sección cada Shabat del año, y se comienza a leerla nuevamente. En esta festividad se danza con la Torá y también hay comidas festivas muy alegres.

Las celebraciones solemnes

Además, hay otro tipo de celebraciones solemnes, como el Año Nuevo, denominado *Rosh Hashaná*, que significa literalmente la *Cabeza del Año*. En Rosh Hashaná también hay comidas festivas, pero no es igual a las festividades, ya que se lo considera también el Día del Juicio; y en ese día se analiza en los Cielos toda la obra de la persona y se establece lo que recibirá en el siguiente año. En Rosh Hashaná se permanece más tiempo en la sinagoga y se realizan plegarias mucho más extensas. Y algo destacado y relevante de esa celebración es que se hace sonar un cuerno denominado *shofar*.

También está la celebración del Día del Perdón, que se denomina *Yom Kipur*. En ese día no se come ni se bebe, ni se visten zapatos de cuero. Se ayuna durante todo el día y se pasa la mayor parte del día en la sinagoga.

Las celebraciones adicionales

Asimismo, hay otro tipo de celebraciones festivas muy conocidas, *Janucá* y *Purim*, en las cuales hay mucha alegría, aunque son distintas a las festividades mencionadas anteriormente, ya que no se realiza la bendición con el vaso de vino previo a las comidas ni tampoco se abstiene de forma absoluta de realizar trabajo o labor. Y la razón se debe a que estas celebraciones festivas no constan en la Torá, sino que fueron establecidas por los sabios muchos años después de la entrega de la Torá.

LAS SEÑALES DE LA TORÁ

A continuación observaremos la razón de las diferencias en las celebraciones mencionadas que caracterizan de un modo tan especial al judaísmo, a tal punto que se denominan una Señal.

Respecto al Shabat, consta explícitamente en el texto bíblico que es una Señal, como está escrito: «Y los hijos de Israel guardarán el Shabat, para hacer al Shabat por sus generaciones pacto eterno. Entre Yo y los hijos de Israel es Señal para siempre, porque seis días hizo El Eterno el Cielo y la Tierra, y el séptimo día cesó y descansó» (Éxodo 31:16–17).

Además, debe considerarse que el Shabat no es un día de reposo solamente, sino un día de absoluto reposo –Shabat Shabaton–, como está escrito: «Y Moisés congregó a toda la asamblea de los hijos de Israel, y les dijo: "Éstas son las cosas que El Eterno ha ordenado hacer: seis días será hecha labor, y el día séptimo os será sagrado, día de absoluto reposo –Shabat Shabaton– para El Eterno [...]"» (Éxodo 35:1–2).

Asimismo, el Shabat también es denominado Santa Convocación, como está escrito: «Seis días se hará labor, y el séptimo día será de absoluto reposo –Shabat Shabaton–, de Santa Convocación –*mikra kodesh*–; no haréis ninguna labor; es reposo para El Eterno en todos vuestros lugares de residencia» (Levítico 23:3).

LAS SANTAS CONVOCACIONES

Asimismo, las celebraciones mencionadas en las cuales se abstiene de realizar labor y trabajo, y se realiza la bendición sobre un vaso de vino para comenzar la comida, son denominadas Santas Convocaciones, y también recibe esa denominación el Día del Perdón, como está escrito: «Éstos son los plazos de El Eterno, las Santas Convocaciones, a las cuales designarán en sus plazos: en el mes primero, el catorce del mes, por la tarde, degollaréis ritualmente la ofrenda de Pesaj para El Eterno. Y el día quince de este mes es la festividad de los panes ácimos para El Eterno; siete días comeréis panes ácimos. El primer día será de Santa Convocación para vosotros; no haréis ninguna labor de trabajo. Y traeréis una ofrenda ígnea a El Eterno durante siete días; y el séptimo día será de Santa Convocación; no haréis ninguna labor de trabajo».

La festividad de Shavuot

A continuación está escrito: «El Eterno habló a Moisés, diciendo: "Habla a los hijos de Israel y diles: cuando entréis en la Tierra que Yo os doy y seguéis su mies, traeréis de la primicia de la siega un *omer* (volumen de una medida) al sacerdote. Él agitará el *omer* ante El Eterno para hallar gracia por vosotros; el sacerdote lo agitará al día siguiente, después del primer día festivo de Pesaj, o sea, después del día de cesado (de labor) […] Y contaréis para vosotros desde el día que sigue al día de cesado (de labor), desde que traigáis la ofrenda del *omer* de la agitación; siete semanas completas serán. Y contaréis cincuenta días hasta el día siguiente de la séptima semana, y ofreceréis una nueva ofrenda vegetal a El Eterno. Traeréis de vuestras residencias dos panes para ofrenda de agitación, serán de dos décimos de *efá* –una medida– de flor de harina, horneados con levadura, primicias para El Eterno. Y con el pan ofreceréis siete corderos íntegros en su primer año, y un toro de los vacunos, y dos carneros; serán ofrenda ígnea para El Eterno, y sus ofrendas vegetales, y sus libaciones, por ofrenda ígnea, en aroma agradable para El Eterno. Y haréis un macho cabrío por ofrenda expiatoria, y dos corderos en su primer año como ofrendas de paz. Y el sacerdote los moverá –hacia los cuatro flancos, y arriba y abajo– sobre los panes de las primicias, en un movimiento ante El Eterno, sobre los dos corderos; serán santos ante El Eterno, para el sacerdote. Y convocaréis en ese día, será para vosotros Santa Convocación; no haréis ninguna labor de trabajo, es un decreto perpetuo en todos vuestros lugares de residencia, por vuestras generaciones"».

Rosh Hashaná

A continuación, está escrito: «El Eterno habló a Moisés, diciendo: "Habla a los hijos de Israel y diles: en el mes séptimo, el primero del mes será para vosotros (día de) descanso absoluto –Shabatón–, recordatorio de (sonido de) quebranto –con el cuerno denominado *shofar*–, una Santa Convocación. No haréis ninguna labor de trabajo y ofreceréis ofrenda ígnea a El Eterno"».

El Día del Perdón

A continuación, está escrito: «El Eterno habló a Moisés, diciendo: "Y a los diez días de este mes séptimo será el Día las Expiaciones –Día del Perdón–; habrá una Santa Convocación para vosotros y afligiréis vuestras almas, y ofrendaréis una ofrenda ígnea a El Eterno. Y no haréis ninguna labor en ese día, porque es el Día de las Expiaciones, para expiar sobre vosotros, ante El Eterno, vuestro Dios. He aquí que toda persona que en ese día no se aflija –con ayuno y las demás restricciones del Día del Perdón– será tronchada de su pueblo. Y haré que toda persona que hiciere alguna labor en ese día se pierda de entre su pueblo. No haréis ninguna labor; es un decreto perpetuo por vuestras generaciones, en todos vuestros lugares de residencia. Es un día de absoluto reposo –Shabat Shabatón– para vosotros, y afligiréis vuestras almas; el nueve del mes al atardecer, desde el atardecer hasta el atardecer (siguiente), haréis el reposo de vuestro reposo"».

La festividad de Sucot

A continuación, está escrito: «El Eterno habló a Moisés, diciendo: "Habla a los hijos de Israel y diles: el día quince del mes séptimo es la festividad de las Cabañas, siete días, para El Eterno". En el primer día habrá

Santa Convocación, no haréis ninguna labor de trabajo. Siete días ofreceréis ofrenda ígnea a El Eterno; el octavo día será Santa Convocación para vosotros y ofreceréis ofrenda ígnea a El Eterno; es una convocación, no haréis ninguna labor de trabajo. Éstos son los plazos de El Eterno, que llamaréis Santas Convocaciones, para ofrecer ofrenda ígnea a El Eterno; ofrenda ígnea y ofrenda vegetal, sacrificio y libaciones, lo de cada día en su día. Además de los días de Shabat de El Eterno, y además de vuestros presentes, y además de todos vuestros votos, y además de todas vuestras ofrendas voluntarias, que daréis a El Eterno» (Levítico 23:4–37).

UNA CARACTERÍSTICA DE LAS CELEBRACIONES

Se observa que tanto las festividades como los días de Rosh Hashaná y el Día del Perdón son denominados Santa Convocación, al igual que el Shabat. Y no sólo eso, sino que, además, acerca de esas Santas Convocaciones, fue dicho que son Shabaton, al igual que el Shabat, como está escrito: «En el mes séptimo, el primero del mes será para vosotros (día de) descanso absoluto –Shabaton–» (Levítico 23:24). «Y no haréis ninguna labor en ese día, porque es el Día de las Expiaciones –Día del Perdón– […] Es un día de descanso absoluto –Shabat Shabaton– para vosotros» (Levítico 23:26–32). «En el día quince del mes séptimo, cuando recojáis la cosecha de la tierra, celebraréis la festividad de El Eterno durante siete días; el primer día será de descanso absoluto –Shabaton–, y el octavo día será de descanso absoluto –Shabaton–» (Levítico 23:39).

Estas coincidencias nos indican que, así como el día de Shabat es denominado una Señal, también las Santas Convocaciones. Tal como enseñaron los sabios, todas las Santas Convocaciones se denominan Shabat y son denominadas Señal.

LAS OTRAS DOS SEÑALES

Además de la Señal mencionada, hay otras dos señales citadas en la Torá: el pacto de la circuncisión y las filacterias, como está escrito:

«Cortarán la carne del prepucio de ellos, y ésa será la Señal del pacto entre Yo y vosotros» (Génesis 17:11). Y está escrito: «Oye Israel, El Eterno es nuestro Dios, El Eterno es Uno. Amarás a El Eterno, tu Dios, con todo tu corazón, con toda tu alma y con todo lo que tienes. Y estas palabras que Yo te ordeno hoy estarán sobre tu corazón. Las enseñarás a tus hijos y hablarás de ellas cuando estés sentado en tu casa, y cuando andes por el camino, y cuando te acuestes, y cuando te levantes. Las atarás como Señal sobre tu brazo y estarán en la filacteria entre tus ojos» (Deuteronomio 6:4–8).

Estas tres Señales tan importantes mencionadas en la Torá tienen muchos simbolismos de los cuales hablaremos en este libro.

I

EL SHABAT

El Shabat es un día muy especial, considerado una Señal en la Torá, mencionado en la culminación de la obra de la Creación, e incluido en los Diez Mandamientos. El Shabat es un día sublime, lleno de preceptos, costumbres, simbolismos y mucha alegría.

El jueves se llevan a cabo los preparativos con mucha dedicación, y también por la mañana del día siguiente; y después del mediodía, se acaban los pormenores. Y cuando llega la tarde del viernes, toda la familia ya está aseada y vestida de gala, y las mujeres de todas las comunidades del mundo encienden las velas del Shabat antes de la puesta del Sol. Generalmente, lo hacen en un candelero que han dispuesto sobre la mesa, donde también está ya ordenado el pan trenzado que han preparado para la cena, cubierto por un mantel especial.

Los hombres van a la sinagoga a recibir el Shabat, y a recitar la plegaria nocturna, y a veces también van las mujeres. Al terminar el servicio, todos se saludan con la expresión «Shabat Shalom». Y cuando vuelven y entran a sus casas, saludan con la expresión «Shabat Shalom», se ubican junto a la mesa y cantan un himno denominado *Shalom Aleijem*. Después, se acostumbra a cantar el texto del libro de los Proverbios denominado «La mujer virtuosa». Seguidamente, todos escuchan con gran atención la santificación del Shabat, que se denomina *kidush* y que por lo general realiza el anfitrión. Recita los versículos correspondientes sobre una copa de vino, pronuncia la bendición por el fruto de la vid y una bendición especial por la santificación del Shabat, bebe del vino y también reparte a todos los comensales.

LA PURIFICACIÓN DE MANOS Y EL PAN

Después, todos se purifican las manos para comer pan cumpliendo con el ritual de lavarse con un recipiente, arrojando agua tres veces sobre cada mano, comenzando siempre por la mano derecha. Luego, todos se sientan en silencio, y el anfitrión pronuncia la bendición sobre los dos panes trenzados denominados *jalá,* que están preparados sobre la mesa, cubiertos por un mantel por debajo y con otro mantel por arriba. El anfitrión corta un trozo para comer primero y no interrumpir entre la pronunciación de la bendición y comer el pan, e inmediatamente corta trozos para todos los comensales, y los reparte para que también ellos coman del pan trenzado preparado especialmente para el Shabat. Después, comienza la comida del Shabat. Se acostumbra a traer un primer plato, con pescado y ensaladas de diferente tipo. Después se cantan canciones del Shabat y se pronuncian palabras de la Torá. Más tarde se come el segundo plato preparado con carne y siguen con canciones de Shabat y hablando palabras de la Torá. Y en muchas casas se sirve un postre, y finalmente se lavan los dedos de las manos con las aguas finales, y luego se recita la bendición final para después de haber comido pan.

Todos estos procedimientos están muy bien fundamentados, tal como veremos a continuación.

LOS PREPARATIVOS

Respecto a los preparativos del Shabat, es algo que está indicado en la Torá, como está escrito: «El Eterno dijo a Moisés: "He aquí que haré llover pan para vosotros desde el Cielo; que el pueblo salga y tome la porción de cada día ese día, para que lo pruebe y observe si sigue mis enseñanzas o no. Y ocurrirá que, al sexto día, cuando preparen lo que traigan, habrá el doble de lo que tomaban todos los días"» (Éxodo 16:4–5). Y más adelante está escrito: «Esto es lo que ha hablado El

Eterno, mañana es día de reposo –Shabat–, reposo sagrado para El Eterno; hornead lo que habéis de hornear, y cocinad lo que habéis de cocinar, y todo lo que os quede, dejadlo guardado para vosotros hasta la mañana» (Éxodo 16:23).

En la expresión: «Y ocurrirá que –veaia–, al sexto día, cuando preparen lo que traigan», se indican dos asuntos relacionados con la preparación de lo necesario para el Shabat en el día sexto de la semana, es decir, jueves. Una cosa es que se realicen los preparativos para el Shabat con alegría. Y lo dedujeron a partir de la expresión veaia, que es una palabra que indica alegría, tal como fue explicado en el Midrash (Midrash Bereshit Raba 42:3). Y lo segundo es que la persona debe realizar los preparativos con diligencia, levantándose temprano por la mañana para preparar lo necesario para el Shabat, como está escrito: «Y ocurrirá que –veaia–, al sexto día». Y la expresión veaia indica una acción inmediata, como está escrito: «Y ocurrió que –veaia– el filisteo se levantó, y se desplazó, y se adelantó para ir al encuentro de David; y David se dio prisa, y corrió al campo de batalla contra el filisteo» (I Samuel 17:48). Es decir, cuando llegue el día sexto –jueves– por la mañana, preparad –con diligencia y alegría– lo necesario para el Shabat (II Ben Ish Jai: sección Lej Leja 1).

LAS DOS VELAS

La razón por la que se encienden dos velas en Shabat es porque una corresponde a «recuerda» y la otra a «guarda». Porque los Diez Mandamientos fueron mencionados en la Torá dos veces, una en el libro de Éxodo y otra en el libro de Deuteronomio. En el libro de Éxodo está escrito: «Recuerda el día de Shabat para santificarlo. Seis días trabajarás y harás toda tu labor. Y el día séptimo es Reposo para El Eterno, tu Dios; no haréis ninguna labor, tú, tu hijo, tu hija, tu siervo, tu sierva, tu animal y tu extranjero que está dentro de vuestros portales. Pues El Eterno hizo los Cielos y la tierra, el mar y todo lo que hay en ellos en seis días, y descansó el día séptimo; por lo tanto, El Eterno bendijo el día de Reposo –Shabat– y lo santificó» (Éxodo 20:8–11). Y en el libro de Deuteronomio está escrito: «Guarda el día de Reposo –Shabat– para santificarlo, tal como te ordenó El Eterno, tu Dios. Seis días trabajarás y harás toda tu labor. Y el séptimo día es Reposo para El Eterno, tu Dios; no haréis ninguna labor, tú, tu hijo, tu hija, tu siervo, tu sierva, y tu toro, y tu burro, y todo tu animal, y tu prosélito que estuviere en tus portales, para que repose tu siervo y tu sierva como tú. Y recordarás que fuiste siervo en la tierra de Egipto y El Eterno, tu Dios, te sacó de allí con mano fuerte y con brazo extendido; por eso, El Eterno, tu Dios, te ordenó hacer el día de Reposo» (Deuteronomio 5:12–15).

Se observa que en los Diez Mandamientos mencionados en el libro de Éxodo está escrito «recuerda», y en los Diez Mandamientos mencionados en el libro de Deuteronomio está escrito «guarda». O sea, hay indicados dos preceptos: uno, de recordar el Shabat con menciones de recuerdos, es decir, con palabras; y el otro, de guardar el Shabat absteniéndose de realizar labores que no deben ser realizadas en ese día, tal como consta en el texto bíblico: «Y congregó Moisés a toda la asamblea de los hijos de Israel, y les dijo: "Éstas son las cosas que El Eterno ha ordenado hacer: seis días será hecha labor, y el día séptimo os será sagrado, día de absoluto reposo para El Eterno; todo el que en él hiciere labor ha de morir. No encenderéis fuego en todas vuestras residencias en el Día de Reposo"» (Éxodo 35:1–3).

Y si bien pueden encender las velas de Shabat tanto los hombres como las mujeres, el precepto fue dado *a priori* a la mujer, porque ella apagó la vela del mundo, ya que provocó la muerte de Adán, el primer hombre. Tal como fue enseñado: «¿Por qué el precepto de encender las velas de Shabat le fue otorgado a la mujer? Dijo Rabí Yehoshúa: "Porque apagó el alma[1] de Adán, el primer hombre"» (*Midrash Bereshit Raba* 17:8).

Horneado de la jalá

Que las mujeres horneen el pan para el Shabat es una costumbre propagada en todas las comunidades del pueblo de Israel. Y el motivo es

---

1. El alma se denomina vela de El Eterno, como está escrito: «El alma del hombre es vela de El Eterno; (con ella) escudriña todos los compartimentos de las entrañas» (Proverbios 20:27).

para que tomen y separen la ofrenda denominada *jalá*, que es la ofrenda de la masa, como está escrito: «Y El Eterno habló a Moisés, diciendo: "Háblales a los hijos de Israel, y diles: cuando vengáis a la tierra a la que Yo os traigo y comáis del pan de la tierra, separaréis una ofrenda para El Eterno. La primicia de vuestras masas, *jalá*, separaréis por ofrenda; como la ofrenda del granero, así la separaréis. De la primicia de vuestras masas, daréis una ofrenda a El Eterno para vuestras generaciones"» (Números 15:17–21).

Y la razón por la cual las mujeres acostumbran a hacer esto es porque Adán, el primer hombre, fue creado en la víspera del Shabat, como está escrito: «Y creó Dios al hombre con Su Imagen, con la Imagen de Dios lo creó [...] Y vio Dios todo lo que había hecho, y he aquí que era muy bueno; y fue tarde, y fue mañana, el sexto día». (Génesis 1:27–31). Se observa que el hombre fue creado el sexto día de la semana, o sea, en la víspera del Shabat –que es el día séptimo–, como está escrito: «Y acabó Dios en el día séptimo la obra que hizo, y en el día séptimo descansó de toda Su obra que había hecho. Y bendijo Dios al día séptimo, y lo santificó, porque en él descansó de toda Su obra que creó Dios para hacer» (Génesis 2:2–3). Y Adán era la *jalá* del mundo (*Midrash Bereshit Raba* 17:8). Y El Eterno dio a Adán un lugar selecto y una ordenanza, como está escrito: «El Eterno Dios tomó al hombre y lo puso en el jardín del Edén para que lo trabajara y lo guardara. Y El Eterno Dios ordenó al hombre, diciendo: "Ciertamente comerás de todo árbol del Jardín. Mas no del Árbol del Conocimiento del Bien y del Mal, no comerás de él; pues el día que de él comieres, ciertamente morirás"» (Génesis 2:15–17). Y después creó a la mujer a partir de su cuerpo, como está escrito: «El Eterno Dios hizo caer sueño adormecedor sobre el hombre, y se durmió; entonces tomó uno de sus costados y cerró la carne en su lugar. Y El Eterno Dios construyó con el costado que tomó del hombre una mujer y la trajo al hombre. Y el hombre dijo: "Ésta es ahora hueso de mis huesos y carne de mi carne; ésta será llamada mujer –*ishá*–, porque del hombre –*ish*– fue tomada". Por lo tanto, el hombre dejará a su padre y a su madre, y se apegará a su mujer, y serán una sola carne» (Génesis 2:21–24). Y Eva, la mujer de Adán, arruinó la *jalá* del mundo. Como está escrito: «Y vio la mujer que el árbol era bueno para comer, y era deleitable para los ojos, y era árbol preciado para alcanzar la sabiduría, y ella tomó de su fruto y comió; y dio también a su marido con ella, y él comió» (Génesis 3:6). Por lo tanto, dado que Eva era la madre de todas las mujeres, las mujeres toman la ofrenda de la masa, *jalá,* para rectificar lo ocurrido con la primera mujer, que arruinó la *jalá* del mundo. Y a esto se refiere lo que fue enseñado: «¿Por qué le fue otorgado a la mujer el precepto de *jalá?* Dijo Rabí Yehoshúa: "Porque arruinó a Adán, el primer hombre, que era la culminación del proceso de completado de la *jalá* del mundo. Por eso, el precepto de *jalá* le fue otorgado a la mujer"» (*Midrash Bereshit Raba* 17:8).

EL PAN TRENZADO

Asimismo, es una costumbre en todas las comunidades del pueblo de Israel que las mujeres hagan el pan trenzado para Shabat. Y hay un indicio que manifiesta que también eso está relacionado con la rectificación mencionada. Porque está escrito: «El Eterno Dios, con el costado que había tomado del hombre, construyó –*vaiven*– una mujer y la llevó ante el hombre» (Génesis 2:22). Y los sabios enseñaron a partir de la expresión *vaiven,* que El Santo, Bendito Sea, trenzó el cabello de Eva –para embellecerla– (Talmud, tratado de *Berajot* 61a). Y después la llevó al hombre. O sea, las trenzas de su cabello son parte de la belleza de la mujer, y ella prepara el pan para el Shabat, que se llama *jalá,* para rectificar la *jalá* del mundo, con belleza.

EL NOMBRE DEL PAN DEL SHABAT

La razón por la cual a los panes que se hornean para honrar al Shabat se los denomina *jalá* es porque a la masa cuando se la prepara para hacer los panes se la llama con ese nombre, y al decir «prepararemos la *jalá*», o cosas similares, a través de eso recuerda que tiene que separar la ofrenda denominada *jalá,* ya que la preparación misma, y el nombre de la masa, se lo recuerdan (Eshel Abraham 260).

El pan en la mesa

Antes de encender las velas del Shabat, las mujeres colocan en la mesa el pan trenzado llamado *jalá* para que esté preparado para la cena. ¿Y por qué se lo coloca con tanto tiempo de anticipación y no se espera a hacerlo después, antes de comenzar la comida? La razón es porque hay labores que no se realizan en el día de Shabat, como está escrito: «Y congregó Moisés a toda la asamblea de los hijos de Israel, y les dijo: "Éstas son las cosas que El Eterno ha ordenado hacer: seis días será hecha labor, y el día séptimo os será sagrado, día de absoluto reposo para El Eterno; todo el que en él hiciere labor ha de morir. No encenderéis fuego en todas vuestras residencias en el Día de Reposo"» (Éxodo 35:1-3). Y las velas de Shabat tienen fuego, y estarán sobre la mesa. Por lo tanto, la mesa sería la base de algo que está prohibido de ser movido en el día de Shabat. Pero al colocar el pan, la mesa se convierte en la base de algo permitido de mover en el día de Shabat. Entonces, la mesa es base para algo permitido, los panes, y para algo prohibido, las velas; y los sabios enseñaron que cuando una base contiene algo prohibido de ser movido en Shabat y algo permitido de ser movido en Shabat, lo permitido es considerado más importante, y en caso de ser necesario se puede mover en el día de Shabat.

Shabat Shalom

Los hombres van a la sinagoga a recibir el Shabat y a recitar la plegaria nocturna, y cuando vuelven y entran en su casa, se acercan al lugar de la mesa, y dicen en voz alta y con gran alegría ¡Shabat Shalom! (II *Ben Ish Jai*: sección Bereshit 29).

Respecto a la razón por la cual se saluda diciendo «Shabat Shalom», el sabio Yosef Jaim lo explicó a partir de lo que está escrito: «El Eterno te bendiga y te guarde. El Eterno irradie Su rostro hacia ti y te otorgue Su gracia. El Eterno alce Su rostro hacia ti y establezca para ti la paz» (Números 6:24-26). Esos versículos se corresponden con la bendición sacerdotal mencionada en el libro de Números. Y en el texto original hebreo, esos versículos están escritos con 15 palabras. Y en los dedos de la mano hay 14 falanges, ya que en el dedo meñique hay 3 falanges, en el dedo anular hay 3 falanges, en el dedo mayor hay 3 falanges, y en el dedo índice hay 3 falanges, mientras que en el dedo pulgar hay solamente 2 falanges. Y en total suman 14, que se corresponden con 14 palabras de la bendición sacerdotal; y no hay ninguna falange que se corresponda con la palabra 15, que es la expresión Shalom, que significa paz. Y los sabios establecieron que se recitara la bendición sobre un vaso para completar la palabra 15 de la paz. Ya que con las 14 falanges se sostiene el vaso, y así se completa la palabra 15, equivalente a la paz –shalom–.

Asimismo, en los seis días hábiles de la semana hay 12 comidas –con pan–, ya que se come una comida –con pan– por la mañana y una por la noche. Y solamente en Shabat hay tres comidas –con pan–: cena, almuerzo y merienda. Y así es la ley correspondiente al pobre que va de lugar en lugar, al que se le dan dos comidas para cada uno de los días hábiles de la semana y tres comidas para el Shabat, tal como se mencionó en la *Mishná* (tratado de *Pea* 8:7). Y las irradiaciones de abundancia de esas 15 comidas fluyen a través de la influencia de las 15 palabras de la bendición sacerdotal, y la tercera comida del Shabat se corresponde con la palabra 15 de la palabra «paz –shalom–». La razón por la cual se dice Shabat Shalom es porque el Shabat provocó que se completara la palabra Shalom, pues si no existiera la tercera comida del Shabat, no habría una comida en correspondencia con la palabra Shalom (I *Ben Ish Jai*: sección Nasó).

EL HIMNO *SHALOM ALEIJEM*

Antes de iniciarse la cena, se canta el himno *Shalom Aleijem* por los ángeles que se presentan en Shabat (véase Talmud, tratado de *Shabat* 119b). Ese himno está compuesto de cuatro estrofas, y a cada una se la repite tres veces antes de pasar a la siguiente.

PRIMERA ESTROFA
La paz sea con vosotros, ángeles servidores, ángeles del Supremo, del Rey de reyes, El Santo, Bendito Sea.

Segunda estrofa

Vuestra venida sea en paz, ángeles de la paz, ángeles del Supremo, del Rey de reyes, El Santo, Bendito Sea.

Tercera estrofa

Bendecidme con paz, ángeles de la paz, ángeles del Supremo, del Rey de reyes, El Santo, Bendito Sea.

Cuarta estrofa

Vuestra retirada sea en paz, ángeles de la paz, ángeles del Supremo, del Rey de reyes, El Santo, Bendito Sea.

«La mujer virtuosa»

Después, se entona la alabanza denominada «La mujer virtuosa», que está compuesta por 22 versículos del libro de los Proverbios.

«Una mujer virtuosa, ¿quién hallará? Porque su valor es muy distante al de las perlas. El corazón de su marido confía en ella, y no le faltará posesión. Y ella le hace bien, y no mal, todos los días de su vida. Ella busca lana y lino, y trabaja afanosamente con sus manos. Es como barco de mercader; de las lejanías trae su pan. Se levanta aún de noche y da alimento a su casa, e imparte ración a sus criadas. Considera un campo y lo adquiere; y del fruto de sus manos planta viñedo. Ciñe sus lomos con fuerza, y esfuerza sus brazos. Verifica que sus actividades comerciales van bien; su lámpara no se apaga de noche. Extiende sus manos al huso y sus palmas sujetan la rueca. Tiende su mano al pobre y extiende sus manos al indigente. No teme por su casa en la nieve, porque toda su casa está vestida de carmesí. Ella hace sus tapices; sus vestidos son de lino fino y púrpura. Su marido es conocido en los portales por sentarse con los ancianos de la tierra. Ella hace capas y vende, y entrega ceñidores al mercader. Fuerza y esplendor son su vestimenta; y ríe por el día postrero. Abre su boca con sabiduría y Torá de bondad está en su lengua. Observa los caminos de su casa y no come pan de pereza. Sus hijos se levantan y la ensalzan; y también su marido la alaba. Muchas mujeres hicieron obras; y tú las superas a todas. Falsa es la gracia y vana la belleza; la mujer que teme a El Eterno se alabará. Dadle del fruto de sus manos y la alabarán en los portales por sus acciones» (Proverbios 31:10–31).

Esos 22 versículos se corresponden con los 22 conductos de lo Alto, que están vinculados con las 22 letras del alfabeto, que son las letras con las cuales está escrita la Torá. Y en ese momento, esos 22 conductos están abiertos, y vierten la abundancia y la bendición de la fuente suprema desde la cumbre de todas las —emanaciones supremas denominadas— coronas (II *Ben Ish Jai* sección Génesis 29).

EL CUBRIMIENTO DEL PAN

Antes de comer, se pronuncia la santificación del Shabat sobre un vaso de vino. Pero previamente, además del mantel que cubre la mesa, se coloca otro mantel sobre el pan para cubrirlo. Y la razón es para que el pan no sea avergonzado cuando se recite la santificación del Shabat sobre un vaso de vino. Porque el trigo, que es la base del pan, está mencionado en el versículo antes que la vid, que es la base del vino, como está escrito: «Tierra de trigo y cebada, y vid, e higuera, y granado, tierra de olivo de aceite y miel —de dátiles—» (Deuteronomio 8:8). Y como se pronuncia la bendición por el vino antes que la del pan, por eso se lo cubre, para que no vea su vergüenza (*Tur Oraj Jaim* 271).

EL RECUERDO DEL MANÁ

Además, se cubre el pan por debajo y por arriba, en memoria del maná, que no descendía en los días de Shabat ni en los días festivos; y cuando descendía —en los días hábiles—, estaba cubierto por una capa de rocío por debajo y por arriba, y el maná estaba en medio de esas capas (Tosafot Talmud, tratado de *Pesajim* 100b). Y a esto se refiere lo que está escrito: «Y aconteció al anochecer que ascendió la *slav* —especie de ave— y cubrió el campamento; y por la mañana, una capa de rocío estaba alrededor del campamento. Y la capa de rocío ascendió —por el calor del Sol—, y he aquí que sobre la faz del desierto había algo fino, descubierto, fino como la escarcha sobre el suelo. Y vieron los hijos de Israel, y cada hombre dijo a su prójimo: "¿Qué es eso –*man*–?" Porque no sabían qué era; y Moisés les dijo: "Ése es el pan que El Eterno os ha dado para comer". Esto es lo que El Eterno ha ordenado: "Tomad de él, cada hombre según su comer; una *omer* –medida– por cabeza, según la cantidad de personas, cada hombre tomará según (los moradores de) su tienda". Y los hijos de Israel hicieron así; y tomaron el que aumentó (la cantidad de medidas), y el que disminuyó. Y midieron con la *omer* –medida–, y al que aumentó –la cantidad que tomó– no le sobró, y al que disminuyó, no le faltó; cada hombre tomó según su comer. Y Moisés les dijo: "Ningún hombre deje de él hasta la mañana". Y no oyeron a Moisés, y hubo hombres que dejaron de él hasta la mañana, y ascendieron gusanos, y hedió, y Moisés se enojó con ellos. Y lo tomaron mañana tras mañana, cada hombre según su comer; y el sol calentaba, y –lo que quedaba en el suelo– se derretía. Y aconteció en el sexto día, que tomaban el doble de pan, dos *omer* –medidas– para cada uno; y todos los príncipes de la congregación vinieron y le hablaron a Moisés. Y les dijo: "Esto es lo que ha hablado El Eterno, mañana es día de reposo, reposo sagrado para El Eterno; hornead lo que habéis de hornear, y cocinad lo que habéis de cocinar, y todo lo que os quede, dejadlo guardado para vosotros hasta la mañana". Y lo dejaron hasta la mañana, tal como les ordenó Moisés; y no hedió ni había en él gusanos. Y dijo Moisés: "Comedlo hoy, porque hoy es (día de) reposo para El Eterno; hoy no lo hallaréis en el campo. Seis días lo tomaréis; y en el séptimo día, (día de) reposo, no habrá en él"». (Éxodo 16:13–26).

EL VASO DE VINO

Como hemos mencionado anteriormente, antes de comenzar la cena se realiza la santificación del Shabat sobre un vaso de vino. Y esto también contiene simbolismos importantes, pues se santifica por una razón específica, y se hace con un vaso, que es un recipiente, por una razón específica, y se hace con vino, que es una bebida considerada la más selecta, por razones específicas, como veremos a continuación.

¿Por qué se bendice con un vaso? Para comprenderlo, debe considerarse lo que los sabios han enseñado: «Dijo Rabí Shimon hijo de Jalafta: "El Santo, Bendito Sea, no halló un recipiente que contenga bendición para Israel, sino la paz"» (*Mishná*, tratado de *Okatzin* 3:12). La explicación es que recipiente se refiere al vaso de la bendición para Israel con la paz, porque el vaso de la bendición fue dispuesto en correspondencia con la palabra paz de la bendición sacerdotal. Esto, de acuerdo con la enseñanza de los sabios de Ashkenaz. Y el sabio Yosef Jaim agregó una enseñanza basada en lo que se dijo en el Talmud: «Los sabios estudiosos de la Torá aumentan la paz en el mundo». Porque los sabios, de bendita memoria, establecieron un vaso –de vino– en diferentes ocasiones: la santificación del Shabat y los días festivos, la ceremonia de separación del Shabat de los días laborales denominada *avdalá*, y la bendición para después de comer pan, y los compromisos, y los casamientos, y la circuncisión, y la noche de Pesaj, y con todas estas cosas se completa la palabra «paz» de la bendición sacerdotal, porque no hay en los dedos de la mano del hombre una falange en correspondencia con ella. Resulta que los sabios aumentaron en el mundo el indicio de la palabra paz mencionada en las diferentes ocasiones citadas anteriormente, en las cuales establecieron un vaso, y a esto se refiere lo que fue dicho: «Los sabios estudiosos de la Torá aumentan la paz en el mundo» (Talmud, tratado de *Berajot* 64a).

POR QUÉ SE BENDICE CON EL VINO

Para comprender por qué se recita la bendición sobre el vino, debemos considerar que en el Génesis se narra que después de crear al hombre, Dios plantó un jardín e hizo surgir árboles especiales, como está escrito: «Y El Eterno Dios plantó un jardín en el Edén, al oriente, y puso allí al hombre que había formado. Y El Eterno Dios hizo surgir de la tierra todo árbol agradable a la vista y bueno para alimento; y al Árbol de la Vida, en medio del jardín, y al Árbol del Conocimiento del Bien y del Mal» (Génesis 2:8–9). Y después: «El Eterno Dios tomó al hombre y lo puso en el jardín del Edén para que lo trabajara y lo guardara. Y El Eterno Dios ordenó al hombre, diciendo: "Ciertamente comerás de todo árbol del jardín. Mas no del Árbol del Conocimiento del Bien y del Mal, no comerás de él; pues el día que de él comieres, ciertamente morirás"» (Génesis 2:16–17). Después Dios hizo a la mujer a partir de un costado del cuerpo de Adán, como está escrito: «El Eterno Dios hizo caer sueño adormecedor sobre el hombre, y se durmió; entonces tomó uno de sus costados y cerró la carne en su lugar. Y El Eterno Dios construyó con el costado que tomó del hombre una mujer y la trajo al hombre» (Génesis 2:21–22). Y vino la serpiente, que era muy astuta, y convenció a Eva para que comiera del fruto del árbol prohibido, y ella comió, y después dio también a su marido para que comiera, y él también comió, como está escrito: «Y vio la mujer que el árbol era bueno para comer, y era deleitable para los ojos, y era árbol preciado para alcanzar la sabiduría, y ella tomó de su fruto y comió; y dio también a su marido, y él comió con ella» (Génesis 3:6).

Y fue estudiado que el árbol del cual comió Adán, el primer hombre, era una vid, según las palabras de Rabí Meir. Rabí Nejemia dijo que era una higuera y Rabí Yehuda dijo que era trigo, ya que en esa época el trigo era una especie de árbol (Talmud, tratado de *Berajot* 40a). Y el sabio Yosef Jaim explicó que el Árbol de la Sabiduría del Bien y del Mal tenía los tres tipos de frutos mencionados en el Talmud. Y por eso, cuando entramos al Shabat, se realiza la santificación del Shabat con tres cosas para rectificar lo que se arruinó con el pecado del Árbol de la Sabiduría, que ese acto fue realizado próximo a la entrada del Shabat. Pues fue al final del día sexto, cuando lo que se agrega al Shabat del día sexto comenzó a entrar (Talmud, tratado de *Sanedrín* 38b), ya que, tal como fue estudiado, siempre se consagra una fracción del final del día sexto para que sea considerado parte del Shabat. Por eso, antes de que llegue la noche del Shabat, se incrementa un poco del día sexto para que se consagre con la santidad del Shabat. Resulta, pues, que se recibe el Shabat antes de que llegue la noche, por la tarde del día sexto. Y se realiza la santificación del Shabat en su entrada con vino, y con pan, y con las velas. El pan para rectificar por: «Y vio la mujer que el árbol era bueno para comer». Y las velas, para rectificar por: «Y era deleitable para los ojos». Porque el placer de la vela se capta a través de la visión de los ojos; y en el momento de la santificación que se realiza con el vaso de vino, deben observarse también las velas encendidas. Y el vino de la santificación, para rectificar por: «Y era árbol preciado para alcanzar la sabiduría». Porque el vino y las fragancias aromáticas activan la sabiduría; y por eso debe traerse también mirto para oler (II *Ben Ish Jai*: sección Génesis).

Ahora bien, respecto a la santificación del vino que se realiza antes de la cena del Shabat, hay algunos asuntos que requieren explicación. Pues ¿por qué se realiza la santificación del Shabat precisamente con vino en la entrada del Shabat? ¿Y por qué se recita la bendición: «Bendito eres Tú, El Eterno, Dios nuestro, Rey del universo, Creador del fruto de la vid»? ¿Acaso no se denomina vino? ¿Y por qué se realiza la santificación con el vino inobjetablemente en la primera comida del Shabat, y no en la segunda, o en la tercera?[2] ¿Y por qué la santificación del Shabat se comienza con las palabras «el día sexto»?

Para comprender la respuesta a estas preguntas, debe considerarse que Adán, el primer hombre, pecó en ese momento –de la entrada del Shabat–. Tal como fue mencionado en el Talmud, que Adán, el primer hombre, fue creado en la víspera del Shabat, y en la undécima hora, pecó, y en la duodécima hora, era el momento de la entrada del Shabat. Porque se incrementa de lo mundano a lo santo –se incrementa una parte del día sexto al día de Shabat, santificándose a esos momentos con la santidad del Shabat–. Y cuando Adán pecó, impurificó todas las tierras, y provocó que (la irradiación de luz de) la Presencia Divina se apartara de lo bajo y ascendiera a lo Alto. Y los sabios enseñaron que en el momento en que se realiza la santificación del Shabat, la Presencia Divina desciende a lo bajo, y se ubica sobre la mesa. Y debido a que Adán, el primer hombre, pecó e impurificó todas las tierras, y la Presencia Divina no puede descender a lo bajo –completamente– por aquello que arruinó, que fue en la duodécima hora, por eso, fue establecido bendecir por el vino para rectificar su pecado. Porque pecó con la vid, ya que Adán, el primer hombre, comió sin recitar la bendición. Y por eso se menciona a la vid y no al vino, para indicar que esta bendición por la vid es la rectificación de la vid con la que pecó Adán, el

---

2. Ya que la santificación –kidush– de la segunda comida del Shabat se puede realizar con pan si no se tiene vino. Y la tercera comida del Shabat no requiere santificación según la opinión de la mayoría de los sabios legisladores.

primer hombre, que comió sin recitar la bendición. Pero esto no es posible si no se dice que se incrementa de lo mundano –parte del día sexto– a lo sagrado del Shabat, como fue mencionado anteriormente. Y para indicar esto, en la santificación del Shabat se comienza diciendo: «El día sexto». Ya que así se ve que se incrementa de lo mundano a lo sagrado (Ketonet Hapasim, véase *Taamei Haminaguim* 283).

Debido a lo mencionado, es correcto ir a la casa y realizar la santificación del Shabat con el vaso de vino sin demoras, ya que cuando entra el Shabat es el momento apropiado.

LA SANTIFICACIÓN DEL SHABAT –KIDUSH–

Ahora bien, ¿de dónde se aprende lo concerniente a la santificación del Shabat? Se aprende de lo que está escrito: «Recuerda el día de Shabat para santificarlo». Y debe santificarse en su entrada y también en su salida (Maimónides, leyes de Shabat 29:1).

Los sabios enseñaron que se santifique con un vaso de vino de este modo: se lava el vaso por dentro y por fuera, se llena de vino, y se toma con la mano derecha, se levanta, y se dice: «El día sexto», e inmediatamente a continuación se pronuncia el texto del Génesis que declara: «Y fueron acabados los Cielos y la tierra, y todas sus legiones. Y acabó Dios en el día séptimo la obra que hizo, y en el día séptimo descansó de toda Su obra que había hecho. Y bendijo Dios al día séptimo y lo santificó, porque en él descansó de toda Su obra que creó Dios para hacer» (Génesis 2:1–3).

Después se pronuncia la bendición por el vino: «Bendito eres Tú, El Eterno, Dios nuestro, Rey del universo, Creador del fruto de la vid».

Y a continuación se recita la siguiente bendición: «Bendito eres Tú, El Eterno, Dios nuestro, Rey del universo, que nos ha santificado con sus preceptos y nos ha deseado, y nos ha otorgado su sagrado Shabat, con amor y con voluntad, nos lo ha hecho heredar, en recuerdo de la obra de la creación, la primera de las sagradas festividades, en recuerdo de la salida de Egipto, porque Tú nos has elegido, y nos has santificado entre todas las naciones, y nos has hecho heredar tu santo Shabat, con amor y con voluntad. Bendito eres Tú, El Eterno, que santifica al Shabat».

Entonces se bebe el vino y se come. Tal como fue enseñado: «Cuando llega a su casa, debe ser diligente para comer inmediatamente» (*Shulján Aruj Oraj Jaim*: 271:1).

Y fue explicado lo que se refiere a realizar la santificación del Shabat para recordar al Shabat en el momento del comienzo de su entrada, ya que cuanto más se lo adelanta es mejor. Y debido a que se realiza la santificación sobre el vaso de vino, debe comerse inmediatamente, tal como fue enseñado: «No se realiza la santificación del vino sino en el lugar de la comida» (Talmud, tratado de *Pesajim* 101a) *(Mishná Berurá)*.

Por eso, el anfitrión bebe del vino del *kidush* y reparte a todos los comensales para que lo prueben, e inmediatamente se lavan las manos para purificarlas para comer pan.

La purificación de las manos

A continuación mencionaremos el modo de purificarse las manos según lo explicado por el sabio Yosef Jaim: para purificarse las manos, se utiliza un recipiente con el que se arroja agua, primero sobre la mano derecha y después sobre la mano izquierda. Y éste es el modo correcto de realizar ese lavado purificador: se llena un recipiente con abundante agua, una cantidad suficiente para verter tres veces sobre cada mano y que las cubra completamente, llegando a todas las partes de la mano. Y cuando se arroja agua sobre cada mano, se las gira hacia un lado y otro, de modo que el agua llegue a toda la mano y no quede nada de la misma sin ser alcanzada por el agua.

Éste es el procedimiento correcto: se toma el recipiente con la mano derecha y se pasa a la mano izquierda. La razón es para someter a la izquierda como un siervo que viene para servir a su amo. Y entonces, con la mano izquierda se vierte agua sobre la mano derecha tres veces, una después de la otra. Después, con la mano izquierda se apoya el recipiente en una superficie –el suelo, una mesa, etc.–, y se lo toma de allí con la mano derecha, y se vierte agua sobre la mano izquierda tres veces, una después de la otra.

La razón de este procedimiento se debe a que la izquierda está vinculada con el flanco cósmico del rigor, y la derecha está vinculada con el flanco cósmico del amor y la bondad, y se debe someter al rigor ante el amor.

A continuación, se frota la mano derecha contra la mano izquierda, tres veces, una después de la otra; y se frota también la mano izquierda, contra la mano derecha, tres veces, una después de la otra.

La elevación de las manos

Después del lavado de las manos y del frotado, se elevan las manos hasta la altura de la cabeza para atraer la energía y la abundancia de lo Alto a su cuerpo y a su alma. Y al hacerlo se mantienen los codos junto al cuerpo, sin abrirlos hacia fuera, según el misterio de lo que está escrito: «Y la parte posterior de ellos estaba hacia dentro» (I Reyes 7:25). E inmediatamente después de levantar las manos, sin secarlas, se recita la bendición: «Bendito eres Tú, El Eterno, Dios nuestro, Rey del universo, que nos ha santificado con Sus preceptos y nos ha ordenado lo concerniente a la purificación de las manos». Y la razón por la que se recita esta bendición inmediatamente después de elevar las manos se debe a que no se han de elevar las manos –a lo Alto– en vano.

Después de recitarse la bendición, mientras aún se permanece con las manos elevadas, se las extiende para recibir la abundancia y la bendición de las diez fuentes supremas de abundancia aludidas en los diez dedos de las manos. Y también se atrae la energía proveniente de lo Alto vinculada con las diez bendiciones mencionadas en la cita que manifiesta: «Y que Dios te dé del rocío de los Cielos y de lo selecto de la tierra, y abundancia de cereal y de mosto. Te sirvan pueblos, y naciones se inclinen ante ti; sé señor de tus hermanos y se inclinen ante ti los hijos de tu madre; maldito el que te maldijere y bendito el que te bendijere» (Génesis 27:28–29).

Este procedimiento está indicado en la cita bíblica que manifiesta: «Y levantaréis –*vainatlem*– y elevaréis [...]» (Isaías 63:9). Se indica que en la purificación de las manos –*netila*–, se las debe levantar y elevar a la altura de la cabeza (véase *Malbim, ibid.*).

Después de lavarse las manos –y recitar la bendición–, hay que secarlas completamente para cortar el pan con las manos secas (Talmud, tratado de *Sota* 4b). Y es importante secarse las manos con una toalla u otro elemento, pero nunca con su propia ropa, ya que afecta a la memoria de la persona, provocando olvido (I *Ben Ish Jai*: Sheminí 1–7).

Inmediatamente después de purificarse las manos se debe recitar la bendición por el pan: «Bendito eres Tú, El Eterno, Dios nuestro, Rey del universo, que saca el pan de la tierra –*hamotzi*–». Y se corta un trozo de pan, y se come sin interrumpir en absoluto ni desviar el pensamiento a otra cosa. Y se reparte pan a todos los comensales.

EL CORTADO DEL PAN

Respecto a este asunto, debe saberse que hay que cortar el pan sobre el cual se recita la bendición para comer en el lugar de éste que está bien horneado; y sólo un anciano, que le resulta difícil comer de ese lugar, corta en el lugar más blando del pan.

Éste es el procedimiento correcto: se colocan ambas manos sobre el pan en el momento de la bendición, ya que hay en ellas diez dedos, los cuales corresponden a los diez preceptos que dependen del pan.

Éstos son los diez preceptos: durante el proceso de arado se cumple con el precepto: «No ararás con un toro y un burro juntos» (Deuteronomio 22:10).

Durante la siembra se cumple con el precepto: «No sembraréis vuestro campo con semillas mezcladas» (Levítico 19:19).

Durante la trilla se cumple con el precepto: «No le pondrás bozal al toro mientras trilla» (Deuteronomio 25:4).

Al cosechar se cumple con el precepto de no recoger las espigas individuales que caen al suelo en el momento de la cosecha. Como está escrito: «No recogeréis las espigas caídas» (Levítico 19:9).

En el tiempo de la cosecha se cumple con el precepto de dejar para los pobres un manojo que fue olvidado en el campo durante la cosecha. Como está escrito: «Cuando recolectes tu cosecha en tu campo y olvides un manojo en el campo, no regresarás a tomarlo; será para el prosélito, el huérfano y la viuda para que El Eterno, tu Dios, te bendiga en toda la obra de tus manos» (Deuteronomio 24:19).

Al cosechar se cumple también con el precepto de dejar la esquina del campo para los pobres. Como está escrito: «No recogeréis completamente las esquinas de vuestro campo» (Levítico 19:9).

Cuando se recolecta la producción, se cumple con el precepto de darle la primicia del grano al sacerdote. Como está escrito: «Las primicias de tus granos, tu vino y tu aceite, y la primera lana de la esquila de tus ovejas le darás» (Deuteronomio 18:4).

Después de retirar la primicia del grano, se cumple con el precepto de separar el Primer Diezmo para los levitas. Como está escrito: «Pues el diezmo que los hijos de Israel le separen a El Eterno como una ofrenda se los he dado a los levitas por posesión» (Números 18:24).

Tras separar el Primer Diezmo, se cumple con el precepto del Segundo Diezmo, que debe apartarse para llevarlo a Jerusalén y comerlo allí. Como está escrito: «Y comerás el diezmo de tu grano, tu vino y tu aceite, y el primogénito de tus vacunos y tus ovejas ante El Eterno, tu Dios» (Deuteronomio 14:23).

Cuando se elabora la masa, se cumple con el precepto de separar una porción –jalá– y entregársela al sacerdote. Como está escrito: «La primicia de vuestra masa –jalá– separaréis» (Números 15:20) (Código Legal *Shulján Aruj Oraj Jaim* 167:4; I *Ben Ish Jai*: Emor 5).

La sal

Antes de comer el pan, se debe hacer algo más, agregarle sal. Ya que es un precepto traer sal a la mesa. Y debe colocarse ligeramente el trozo de pan que se comerá en la sal tres veces, tal como enseñaron los sabios.

Y esto tiene un fundamento muy importante como fue enseñado: el Santo, Bendito Sea, hizo un pacto con la sal, como está escrito: «Sazonarás con sal toda ofrenda vegetal que presentares, y no harás que falte jamás de tu ofrenda vegetal la sal del pacto de tu Dios; con todas tus ofrendas ofrecerás sal» (Levítico 2:13).

El exegeta Rashi explicó que el pacto entablado con la sal se remonta a los seis días de la creación del mundo, ya que en aquel entonces les fue asegurado a las aguas inferiores que serían ofrecidas sobre el altar. Y esto se cumple a través de la sal, que proviene de las aguas (Rashi; Siftei Jajamim).

En la exégesis denominada Kli Yakar se agrega: «A través de la sal se declara el reino de El Santo, Bendito Sea, en todos los aspectos opuestos que se ven en el mundo», ya que los mismos han provocado que muchas personas se aparten de la fe en Dios, pues decían que desde un mismo principio no habían surgido dos opuestos. Y en la naturaleza de la sal existen propiedades opuestas, puesto que hay en ella poder de calentar, proveniente del fuego, y a su vez proviene del agua. Por eso, los sabios dijeron que la sal corresponde al atributo del rigor y al atributo de la misericordia. Por eso, se la denomina «el pacto de tu Dios», pues a través de ofrecerla, se entabla un pacto con El Santo, Bendito Sea, declarando su reino en todos los opuestos.

El pacto en la mesa

Este pacto no sólo rige en el altar del Templo Sagrado, sino que se proyecta a nuestra mesa, tal como se manifiesta en el apéndice del Código Legal: es un precepto traer sal a la mesa antes de cortar el pan, porque la mesa se asemeja al altar y la comida a la ofrenda. Y está dicho: «Con todas tus ofrendas ofrecerás sal».

Además, la sal resguarda del castigo, pues mientras todos los comensales se lavan sus manos para comer el pan con pureza, los que ya lo hicieron esperan –sin recitar la bendición por el pan y cortarlo hasta que todos estén con las manos purificadas–, y en ese ínterin se encuentran desprovistos de preceptos; entonces el Acusador pretende acusarlos, y el pacto de la sal los protege (*Mishná Berurá* Oraj Jaim 167:5, Haga"a).

Una propiedad importante

Asimismo, hay una razón mística que revela por qué se coloca el pan en sal antes de comerlo. Porque hay una relación entre el pan, la sal y el Nombre de El Eterno, pues pan en hebreo se dice *lejem* y esa palabra tiene un valor numérico que equivale a tres veces el valor numérico del Tetragrama.

Resulta que el valor numérico de pan –*lejem*– es igual a 78. Y el valor numérico del Nombre de El Santo, Bendito Sea, el Tetragrama, es igual a 26. Y como dijimos que *lejem* es igual a tres veces el Tetragrama, multiplicamos el valor obtenido por 3:

$$26 \times 3 = 78$$

Ahora bien, los sabios han enseñado que el Tetragrama está vinculado con la energía de la bondad, la dulzura y el amor. Por lo tanto, en el pan hay indicadas tres bondades. Y la sal está vinculada con la severidad del rigor y el juicio, y su valor numérico coincide con el del pan –*lejem*–, ya que se escribe con las mismas letras, indicándose la presencia de tres rigores, que también coinciden con el valor de tres veces el Tetragrama.

Pan –*lejem*– לחם

Sal –*melaj*– מלח

Éste es el gráfico correspondiente al valor numérico de las letras de sal –*melaj*–, que se escribe con las mismas letras que *lejem*, que significa pan:

$$\begin{array}{ccc} מ & = & 40 \\ ל & = & 30 \\ ח & = & \underline{8} \\ & & 78 \end{array}$$

Resulta que el valor numérico de sal –*melaj*– es igual a 78. Por lo tanto, al colocar el pan en la sal, las tres bondades indicadas en el pan endulzan a los tres rigores indicados en la sal.

LA SAL EN LA MESA

Debido a la importancia de la sal, fue enseñado que después de colocar el pan en la sal, ésta no debe retirarse de la mesa, ya que tal como han enseñado los sabios, es apropiado dejar la sal en la mesa hasta después de recitar la bendición para después de comer pan. Y la razón se debe a que la mesa se asemeja al Altar, y está escrito: «Con toda ofrenda que presentes ofrecerás sal» (Levítico 2:13) (véase *Ben Ish Jai*: Emor, *halaja* 8–10).

EL PRIMER PLATO

Después de que el anfitrión coma un trozo de pan con el que haya tocado la sal y haya repartido pan para todos los comensales, se come el primer plato. Se acostumbra a servir diferentes tipos de ensaladas y también pescado. La razón del pescado se debe a la concatenación mencionada en el Génesis, en tres días consecutivos, los días quinto, sexto, y séptimo, en los cuales se mencionó una bendición para los peces, el hombre, y el Shabat.

Porque observando la obra de la creación apreciamos que la bendición de los peces está manifestada en un versículo que corresponde con el día quinto de la creación, como está escrito: «Y creó Dios a los grandes seres vivientes acuáticos y a todos los seres vivos que reptan, con los cuales se llenaron las aguas por sus especies; y todas las aves aladas de todas las especies; y vio Dios que era bueno. Y Dios los bendijo diciendo: "Fructificad y multiplicaos, y llenad las aguas en los mares, y multiplíquense las aves en la tierra". Y fue tarde, y fue mañana, quinto día» (Génesis 1:21–23).

En el día sexto consta la bendición impartida por Dios al hombre, como está escrito: «Y creó Dios al hombre con Su Imagen, con la Imagen de Dios lo creó; varón y mujer los creó. Y Dios los bendijo y les dijo: "Fructificaos y multiplicaos, y llenad la tierra y poseedla, y dominad sobre los peces del mar, y sobre las aves de los Cielos, y sobre todos los seres vivientes que se arrastran sobre la tierra". Y dijo Dios: "He aquí os he dado toda hierba que produce semilla que se encuentra sobre toda la superficie de la tierra, y todo árbol que produce fruto, que da simiente, para vosotros será para comer. Y para todo animal de la tierra, y para toda ave de los Cielos, y para todo lo que se arrastra sobre la tierra, que hay en él alma vital, toda hierba vegetal les será para comer; y así fue. Y vio Dios todo lo que había hecho, y he aquí que era muy bueno; y fue tarde, y fue mañana, el sexto día» (Génesis 1:27–31).

En el séptimo día de la creación se menciona la bendición impartida por Dios al Shabat, como está escrito: «Y fueron acabados los Cielos y la Tierra, y todas sus legiones. Y acabó Dios en el día séptimo la obra que hizo, y en el día séptimo descansó de toda Su obra que había hecho. Y bendijo Dios al día séptimo y lo santificó, porque en él descansó de toda Su obra que creó Dios para hacer» (Génesis 2:1–3).

Resulta que han sido manifestadas tres bendiciones para tres entes diferentes en tres días correlativos. Y como es sabido: «Una soga de tres cabos no se corta con rapidez» (Eclesiastés 4:12). Por tal razón se come pescado en Shabat, porque a través de eso, la persona es bendecida con una triple bendición (Benei Isajar).

EL PESCADO EN SHABAT

También se acostumbra a comer pescado en Shabat porque los peces no tienen pestañas. Por lo tanto, tienen siempre los ojos abiertos; y esto alude a Dios, que siempre tiene los ojos abiertos para cuidar de quienes le temen y hacen Su voluntad (Minjat Yakov; véase *Taamei Haminaguim*). Como está escrito: «Cántico de los grados, alzaré mis ojos a las montañas, ¿de dónde vendrá mi ayuda? Mi ayuda viene de El Eterno, hacedor de los Cielos y la Tierra. No dará resbalón a tu pie; Tu cuidador no se adormecerá. He aquí, no se adormecerá ni dormirá, el Guardián de Israel» (Salmos 121:1–3).

Además, se acostumbra a comer el pescado en el primer plato, y después comidas con carne porque el pescado es más fácil de digerir que la carne (Maimónides, Iljot Deot 4).

Las canciones

Después del primer plato se cantan canciones de Shabat, por ejemplo, la canción titulada *Menujá Vesimjá*, que significa descanso y alegría. O *Ka Ribón Olam*, que significa Dios, Amo del Universo. Y después se pronuncian palabras de Torá. Casi siempre el anfitrión pronuncia palabras de Torá, y también es común que lo hagan los demás comensales que deseen hacerlo. Asimismo, los jóvenes, e incluso los niños pequeños que van al jardín de infancia, ya que sus maestros les enseñan y preparan trabajos ilustrados con explicaciones de la sección de la Torá que se lee durante la semana. Son momentos muy emocionantes y de mucha alegría, ya que quienes han preparado durante la semana lo que van a decir sienten mucha alegría de poder decirlo en la mesa de Shabat.

Después se sirve el plato central a base de carne y se cantan más canciones de Shabat, y también se pronuncian más palabras de Torá. Posteriormente, se sirve un postre y se recita la bendición final para después de comer pan.

La plegaria matutina y la comida del día

Por la mañana se va a la sinagoga para recitar la plegaria matutina, y también se lee la Torá. Después se va a la casa y se realiza la comida del día de Shabat. Se hace la ceremonia de la santificación del día sobre un vaso de vino, como se hizo en la noche, pero el texto es diferente porque ya se santificó el Shabat en su entrada, la noche anterior, y la santificación del día es un precepto de los sabios. Después se lavan las manos para purificarlas y se realiza la bendición del pan, como se hizo por la noche. Se sirve el primer plato a base de pescado, después se cantan canciones de Shabat y se pronuncian palabras de Torá. Luego se sirve el plato principal a base de carne, se cantan más canciones de Shabat y se pronuncian palabras de Torá. Después se sirve un postre y se recita la bendición final para después de comer pan.

Por la tarde se vuelve a la sinagoga para la plegaria vespertina, después se come la tercera comida del Shabat, y cuando termina el

Shabat, se realiza la ceremonia de finalización del Shabat denominada *avdalá*.

A través de ésta, se separa la santidad del Shabat de los demás días laborales.

La ceremonia de separación

Este precepto está indicado en la Torá, como está escrito: «Recuerda el día de Shabat para santificarlo» (Éxodo 20:8). El recordatorio que se indica debe realizarse en los momentos trascendentales, cuando se produce la entrada del Shabat, y también cuando tiene lugar su salida, mencionando palabras apropiadas de santificación. En su entrada, recitando la santificación del Día, denominada *kidush;* y en su salida, mediante la ceremonia de separación, denominada *avdalá* (Maimónides, leyes de Shabat 29:1).

Los sabios dispusieron que la santificación del Día –*kidush*– sea recitada sobre una copa de vino y que la ceremonia de separación denominada *avdalá* también sea recitada sobre una copa de vino.

El procedimiento de *avdalá*

Para realizar la ceremonia de *avdalá*, se llena una copa de vino, se la alza, sosteniéndola con la mano derecha, y se recitan versículos introductorios, y después, la bendición: «Bendito eres Tú, El Eterno, Dios nuestro, Rey del universo, creador del fruto de la vid».

A continuación, se toman hierbas aromáticas para olerlas y reconfortar el alma después de la salida de la santidad del Shabat. Para disfrutar de ese aroma, se recita la bendición correspondiente. Numerosas comunidades –*ashkenazim*– acostumbran a recitar la bendición general para tener provecho de cualquier tipo de aroma agradable: «Bendito eres Tú, El Eterno, Dios nuestro, Rey del universo, creador de las especies aromáticas». En ese caso, se procede de este modo, porque muchos no son expertos en distinguir las diferentes especies aromáticas y no sabrán si provienen de un árbol o crecen directamente en la tierra, como una hierba. Y como hay diferencia en las bendiciones, para evitar errores se decretó que para la ceremonia de *avdalá* se recite la bendición general. Aunque hay muchas otras comunidades –sefardíes– que sí son expertos en diferenciar entre las especies y recitan una bendición específica de acuerdo con el producto que huelan. Si se trata de una hierba aromática, recitan la bendición: «Bendito eres Tú, El Eterno, Dios nuestro, Rey del universo, creador de las hierbas aromáticas». Si se trata de una rama de árbol o de hojas de árbol, recitan la bendición: «Bendito eres Tú, El Eterno, Dios nuestro, Rey del universo, creador de los árboles aromáticos». Si se trata de una fruta, recitan la bendición: «Bendito eres Tú, El Eterno, Dios nuestro, Rey del universo, que otorga buen aroma a las frutas».

Después se procede a rememorar el descubrimiento del fuego, ya que este hecho aconteció tras la culminación del primer Shabat que existió desde la creación del mundo, cuando Adán, el primer hombre, frotó dos piedras y produjo fuego por primera vez.

Para llevar a cabo este ritual, se ha de encender una vela de al menos dos mechas; o de no ser posible, se tomarán dos astillas de madera o dos cerillas, que se encenderán y juntarán para que sus llamas se unifiquen y produzcan abundante luz.

Asimismo, se requiere que el fuego esté bien encendido e ilumine correctamente. Es decir, si aún es necesario mantener la cerilla encendida junto a la mecha, quiere decir que el fuego aún no ilumina como es debido. Sólo se recitará la bendición en el momento en que el fuego se mantenga por sí solo, sin ayuda.

La causa de este requisito surge a partir del versículo que se refiere a la creación de la luz. Como está escrito: «Dios vio que la luz era buena» (Génesis 1:4), y a continuación está escrito: «Y Dios separó la luz de la oscuridad» *(Ibid.)*. O sea, en primer orden consta que la luz era buena, y después se cita la acción llevada a cabo con la misma, en este caso, su separación. Sin embargo, respecto a las otras creaciones, el orden es inverso, se describe el acto llevado a cabo y después se manifiesta: «Vio El Eterno que era bueno».

El fuego de AVDALÁ

Esta diferencia existente entre los versículos que describen la creación del mundo llamó la atención de Rabí Zeira, el hijo de Rabí Abahu, quien disertó en Kesarin sobre este tema. El sabio inició su conferencia planteando una pregunta: «¿De dónde se sabe que no se recita la bendición sobre una vela durante la ceremonia de separación –avdalá– hasta que el fuego de ésta esté encendido a tal punto que ilumine y permita tener provecho de la luz que proporciona?». La respuesta surge del versículo que se refiere a la creación de la luz, como está escrito: «Dios vio que la luz era buena» (Génesis 1:4), y después: «Y Dios separó –vaiavdel– la luz de la oscuridad». Es decir, cuando El Eterno vio que la luz era buena, propicia para iluminar, justo entonces realizó la separación. De aquí se aprende que hay que aguardar a que la luz de la vela sea propicia para iluminar antes de pronunciar la bendición del fuego en la ceremonia de avdalá (Midrash Bereshit Raba 2:5).

Entonces se recita la bendición: «Bendito eres Tú, El Eterno, Dios nuestro, Rey del universo, creador de las irradiaciones luminosas del fuego».

Observando la luz del fuego

Se acostumbra a observar las palmas de las manos y las uñas a la luz de ese fuego encendido para la ocasión (Shulján Aruj Oraj Jaim 298:3). La razón se debe a que hay que distinguir por medio de la luz de la vela encendida entre una moneda y otra. Por eso, se acostumbra a observar las uñas para comprobar que uno puede tener provecho de esa luz y reconocer entre una moneda y otra del mismo modo como distingue entre la uña y la carne. Además, se observan las uñas porque son señal de bendición, ya que se fructifican y reproducen permanentemente. Asimismo, se observan las palmas de las manos, donde se encuentran las líneas de éstas, en las cuales hay señal de bendición (Mishná Berurá).

En el apéndice de Rabí Moshé Iserlish, se agrega que se ha de observar las uñas de la mano derecha, mientras que con la mano izquierda se sostiene la copa de vino. Asimismo, deberán doblarse los dedos hacia dentro, hacia el interior de la palma de la mano, pues de este modo se verán al mismo tiempo las uñas y la palma (véase Ram"á).

Respecto a la forma de doblar los dedos, lo correcto es encorvar los cuatro dedos de la mano derecha sobre el pulgar de modo que éste quede cubierto (Maguen Abraham en nombre de Shaar Hakavanot 60b).

La bendición de la separación

A continuación se sostiene la copa de vino con la mano derecha y se recita esta bendición: «Bendito eres Tú, El Eterno, Dios nuestro, Rey del Universo, que separa entre lo santo y lo mundano, entre la luz y la oscuridad, entre Israel y las naciones, entre el día séptimo y los demás días de labor. Bendito eres Tú, El Eterno, que separa entre lo Santo y lo mundano».

Después se bebe el vino y con lo que quede en el fondo de la copa se apaga la vela. Además, se acostumbra a pasar por los ojos ese vino por amor al precepto (*Shulján Aruj Oraj Jaim* 296:1, Haga"á). En *Pirkei de Rabí Eliezer* se explica la razón: después de que el hombre bebe el vino, es correcto agregar un poco de agua a la copa de *avdalá* y beberlo por amor al precepto. Y lo que quede del agua en la copa ha de pasarlo por los ojos. La razón se debe a lo que los sabios han enseñado: «Los restos del precepto impiden el castigo» (*Pirkei de Rabí Eliezer*, cap. XX).

II

EL ENUNCIADO
DE LAS FESTIVIDADES

Acerca de las festividades, está escrito: «Tres veces al año se han de presentar todos tus varones ante El Eterno, tu Dios, en el lugar que Él ha de elegir, en la festividad de los panes ácimos, en la festividad de Shavuot y en la festividad de las Cabañas –Sucot–» (Deuteronomio 16:16). Estas festividades se denominan Santa Convocación, y además hay otras dos Santas Convocaciones, Rosh Hashaná y el Día del Perdón.

La festividad de Pesaj

Acerca de la festividad de Pesaj está escrito: «Éstos son los plazos de El Eterno, las Santas Convocaciones, a las cuales designarán en sus plazos: en el mes primero, el catorce del mes, por la tarde, (degollaréis ritualmente la ofrenda de) Pesaj para El Eterno. Y el día quince de este mes es la festividad de los panes ácimos para El Eterno; siete días comeréis panes ácimos. El primer día será de Santa Convocación para vosotros; no haréis ninguna labor de trabajo. Y traeréis una ofrenda ígnea a El Eterno durante siete días; y el séptimo día será de Santa Convocación; no haréis ninguna labor de trabajo». (Levítico 23:4–8).

La cuenta del Omer

Después se menciona lo relacionado con la cuenta del Omer, que tiene lugar en los días que transcurren entre la festividad de Pesaj, que es la festividad de los panes ácimos, y la festividad de Shavuot, como está escrito: «El Eterno habló a Moisés, diciendo: "Habla a los hijos de Israel y diles: cuando entréis en la tierra que Yo os doy y seguéis su mies, traeréis de la primicia de la siega un *omer* al sacerdote. Él agitará el *omer* –equivalente a una medida– ante El Eterno para hallar gracia por vosotros; el sacerdote lo agitará al día siguiente del día de cesado –de labor–. Y en el día en que agitaréis el *omer*, realizaréis un ovino íntegro, en su primer año, por ofrenda ígnea a El Eterno. Su ofrenda vegetal será de dos décimos de *efá* –una medida– de flor de harina mezclada con aceite, una ofrenda ígnea para El Eterno, de aroma agradable; y su libación será de vino, un cuarto de *hin* –medida– […] Y contaréis para vosotros desde el día que sigue al (día de) cesado –de labor–, desde que traéis la ofrenda del *omer* de la agitación; siete semanas completas serán» (Levítico 23:9–15).

La festividad de Shavuot

Cuando terminan las siete semanas mencionadas, al día siguiente es la festividad de Shavuot, como está escrito a continuación: «Y contaréis cincuenta días hasta el día siguiente de la séptima semana, y ofreceréis una nueva ofrenda vegetal a El Eterno. Traeréis de vuestras residencias dos panes para ofrenda de agitación, serán de dos décimos de *efá* de flor de harina, horneados con levadura, primicias para El Eterno. Y con el pan ofreceréis siete ovinos íntegros en su primer año, y un toro de los vacunos, y dos carneros; serán ofrenda ígnea para El Eterno, y sus ofrendas vegetales, y sus libaciones, como ofrenda ígnea, en aroma agradable para El Eterno. Y haréis un macho cabrío como ofrenda expiatoria y dos ovinos en su primer año como ofrendas de paz. Y el sacerdote los moverá –hacia los cuatro flancos, y arriba y abajo– sobre los panes de las primicias, en un movimiento ante El Eterno sobre los dos ovinos; serán santos ante El Eterno para el sacerdote. Y convocaréis en ese día, Santa Convocación será para vosotros; no haréis ninguna labor de trabajo, es un decreto perpetuo en todos vuestros lugares de residencia, por vuestras generaciones» (Levítico 23:16–21).

Rosh Hashaná

A continuación se menciona a la Santa Convocación del comienzo del año, que se denomina Rosh Hashaná y se realiza el primero del séptimo mes, como está escrito: «El Eterno habló a Moisés, diciendo: "Habla a los hijos de Israel y diles: en el mes séptimo, el primero del mes será para vosotros (día de) descanso, recordatorio de (sonido de) quebranto, una Santa Convocación. No haréis ninguna labor de trabajo y ofreceréis ofrenda ígnea a El Eterno"» (Levítico 23:24–25).

El Día del Perdón

A continuación se menciona el Día del Perdón, que en el texto bíblico es denominado el Día de las Expiaciones, como está escrito: «El Eterno habló a Moisés, diciendo: "Y a los diez días de este mes séptimo será Día de Expiaciones –Yom Hakipurim–; habrá una Santa Convocación para vosotros y afligiréis vuestras almas, y ofrendaréis una ofrenda ígnea a El Eterno. Y no haréis ninguna labor en ese día, porque es el Día de las Expiaciones, para expiar sobre vosotros, ante El Eterno, vuestro Dios. He aquí que toda persona que en ese día no se aflija será tronchada de su pueblo. Y haré que toda persona que hiciere alguna labor en ese día se pierda de entre su pueblo. No haréis ninguna labor; es un decreto perpetuo por vuestras generaciones, en todos vuestros lugares de residencia. Es un día de reposo completo para vosotros, y afligiréis vuestras almas; el nueve del mes al atardecer, desde el atardecer hasta el atardecer (siguiente), haréis el reposo de vuestro reposo"» (Levítico 23:26–32).

La festividad de Sucot

A continuación se menciona la festividad de Sucot, que es la festividad de las Cabañas, como está escrito: «El Eterno habló a Moisés, diciendo: "Habla a los hijos de Israel y diles: el día quince del mes séptimo es la festividad de las Cabañas, siete días, para El Eterno". En el primer día habrá Santa Convocación, no haréis ninguna labor de trabajo» (Levítico 23:33–35).

La festividad de Shemini Atzeret

La festividad de Sucot dura siete días y después se celebra la festividad denominada Shemini Atzeret, como está escrito: «Siete días ofreceréis ofrenda ígnea a El Eterno; el octavo —*shemini*— día será Santa Convocación para vosotros, y ofreceréis ofrenda ígnea a El Eterno; es una convocación —*atzeret*—, no haréis ninguna labor de trabajo» (Levítico 23:36).

A continuación se enuncia la conclusión de las Santas Convocaciones, como está escrito: «Éstos son los plazos de El Eterno que llamaréis Santas Convocaciones, para ofrecer ofrenda ígnea a El Eterno; ofrenda ígnea y ofrenda vegetal, sacrificio y libaciones, lo de cada día en su día. Además de los días de Shabat de El Eterno, y además de vuestros presentes, y además de todos vuestros votos, y además de todas vuestras ofrendas voluntarias, que daréis a El Eterno» (Levítico 23:27–38).

Y después se mencionan los detalles de la festividad de Sucot, como está escrito: «En el día quince del mes séptimo, cuando recojáis la cosecha de la tierra, celebraréis la festividad de El Eterno durante siete días; el primer día será de reposo y el octavo día será de reposo. Y el primer día tomaréis para vosotros un fruto de árbol magnífico —*etrog*—, palmas de palmeras datileras, ramas de árbol trenzado y sauces de arroyo; y os alegraréis ante El Eterno, vuestro Dios, siete días. La celebraréis como una fiesta para El Eterno por un lapso de siete días en el año, es un decreto eterno para vuestras generaciones; en el séptimo mes la celebraréis. Residiréis en cabañas siete días, todo habitante de Israel residirá en cabañas, para que sepan vuestras generaciones que hice residir en cabañas a los hijos de Israel cuando los saqué de la tierra de Egipto; Yo El Eterno, vuestro Dios» (Levítico 23:39–43).

A continuación veremos los simbolismos de cada una de estas santas convocaciones.

III

LA FESTIVIDAD DE PESAJ

En la festividad de Pesaj se come pan ácimo y no se debe poseer absolutamente nada de leudado, como está escrito: «Siete días comeréis pan ácimo, pero en el primer día anularéis la levadura de vuestras casas, porque el alma de quien comiere leudado desde el primer día hasta el séptimo día será tronchada de Israel» (Éxodo 12:15). Por eso, varios días antes de que comience la festividad, las personas se abocan a limpiar la casa de todo leudado para que cuando llegue el día festivo, esté todo preparado y limpio. Son días especiales en los cuales las personas se abocan a realizar esa tarea con mucho fervor. Y es común escuchar que las madres digan a los hijos: «¡No toques ese sitio porque ya está limpio para Pesaj!». Y la misma solicitud se repite con los demás miembros de la casa; se les pide que sean cuidadosos y no toquen los sitios que ya están limpios de leudado. En los días previos a la festividad hay cuidados especiales, atención y precaución. Son días que se viven con mucha emoción.

LOS PREPARATIVOS DE PESAJ

Respecto a los preparativos, se asemejan a los del Shabat en muchos aspectos, pero para Pesaj no habrá pan trenzado, sino pan sin levadura, o sea, pan ácimo, y también hierbas amargas. Como está escrito: «El Eterno habló a Moisés y a Aarón en la tierra de Egipto, diciendo: "Este mes es para vosotros el comienzo de los meses, es para vosotros el primero de los meses del año. Hablad a toda la congregación de Israel, diciendo: en el diez de este mes, cada hombre ha de tomar un ovino por casa paterna, un ovino por casa. Y si la casa fuese pequeña para (comer) un ovino, lo tomarán él y su vecino próximo a su casa, según el número de personas; cada persona se registrará para el ovino según lo que coma. Un ovino íntegro, macho, en su primer año, será para vosotros; lo tomaréis de las ovejas o de las cabras. Y lo tendréis bajo vigilancia hasta el día catorce de este mes; y toda la congregación de la asamblea de Israel lo degollará ritualmente al atardecer. Y tomarán de la sangre, y la pondrán sobre las dos jambas y sobre el dintel de las casas en las que lo comerán. Y comerán la carne en esa noche; la comerán asada al fuego, y pan ácimo, con hierbas amargas. No comeréis de él estando insuficientemente asado o cocinado en agua, sino únicamente asado al fuego, con su cabeza, y sus patas, y sus vísceras. Y no dejaréis nada de él hasta la mañana; y lo que sobrare de él hasta la mañana será quemado"» (Éxodo 12:1–10).

Se observa que en la festividad de Pesaj hay que comer la ofrenda de Pesaj, que es un ovino, asado al fuego, y pan ácimo, y hierbas amargas. Respecto al ovino, en la actualidad no se puede realizar, porque el Templo Sagrado no está en pie y no estamos puros con el polvo de la vaca roja[1] para poder comerlo, por lo que eso será en el futuro, cuando venga el Mesías y restaure el Templo Sagrado, y prepare una vaca roja para purifi-

---

1. Lo concerniente al polvo de la vaca roja para purificarse es mencionado en el libro de Números, como está escrito: «El Eterno habló a Moisés y a Aarón, diciendo: "Éste es el decreto de la Torá que El Eterno ordenó, diciendo: habla a los hijos de Israel y que tomen para ti una vaca íntegramente roja, que no tenga defecto y sobre la cual no ascendió yugo. Y la entregaréis a Eleazar el sacerdote, y la sacará fuera del campamento; y la sacrificará ritualmente ante él. Y Eleazar el sacerdote tomará de su sangre con su dedo, y esparcirá de su sangre siete veces en dirección al Tabernáculo de Reunión. Y quemará la vaca ante sus ojos; quemará su piel, su carne y su sangre, con su deyección. Y el sacerdote tomará madera de cedro, hisopo y hebra carmesí, y los arrojará al interior de la ignición de la vaca. Y el sacerdote lavará sus vestimentas y sumergirá su cuerpo en agua, y después entrará al campamento; y el sacerdote estará impuro hasta el anochecer. Y el que la queme, lavará sus vestimentas y sumergirá su cuerpo en agua, y estará impuro hasta el anochecer. Y un hombre puro recogerá la ceniza de la vaca y la pondrá fuera del campamento, en un lugar puro; y la congregación de los hijos de Israel la guardará para el agua del esparcido, es para purificación"» (Números 19:1–9).

carse nuevamente. Pero sí se come pan ácimo y también las hierbas amargas. Por eso, antes de Pesaj se preparan panes ácimos y hierbas amargas.

LA ELABORACIÓN DEL PAN ÁCIMO

Comúnmente se elabora el pan ácimo con harina de trigo, pero se puede elaborar con cualquiera de estas cinco especies: trigo, cebada, trigo sarraceno, centeno, avena (*Mishná*, tratado de *Pesajim* 2:5).

La razón de estas cinco clases de cereales es porque una masa elaborada con cualquiera de estas especies llega a leudar. Y cuando existe esa posibilidad, y se es cuidadoso en la elaboración de la masa y del amasado para que no leude, y se la hornea antes de que eso suceda, se obtiene el pan ácimo, con el que se cumple el precepto de la Torá. Tal como se enseñó en el Talmud a partir de lo que está escrito: «No comerás pan leudado con ella; durante siete días comerás pan ácimo» (Deuteronomio 16:3). Y a partir de esta declaración se aprendió que la persona cumple con el precepto del pan ácimo con lo que llega a leudar; pero con aquello que no llega a leudar, por ejemplo, arroz o mijo, cuya masa no llega a leudar sino que se descompone, la persona no cumple con el precepto del pan ácimo.

LAS HIERBAS AMARGAS

Respecto al precepto de las hierbas amargas, se acostumbra a cumplirlo con lechuga. Pero también se pueden utilizar otras hierbas, como endibia o cilantro (*Mishná*, tratado de *Pesajim* 2:6).

LAS CUATRO COPAS

También se prepara vino, ya que además de la santificación de la festividad sobre un vaso de vino, hay un precepto de los sabios de beber cuatro vasos de vino en Pesaj. Y para establecer esto, se basaron en lo que está escrito: «Por tanto, diles a los hijos de Israel: Yo soy El Eterno, y os sacaré de bajo las pesadumbres de Egipto, y os rescataré de la esclavitud de ellos, y os redimiré con brazo extendido y con juicios grandes. Y os tomaré para Mí por pueblo y seré Dios para vosotros; y vosotros sabréis que Yo soy El Eterno vuestro Dios, que os saca de las pesadumbres de Egipto. Y os traeré a la tierra por la cual levanté Mi mano –en juramento– para otorgarla a Abraham, Isaac y Jacob; y os la daré a vosotros por heredad; Yo soy El Eterno"» (Éxodo 6:6–8). Se aprecia que constan aquí cuatro expresiones de redención, y en correspondencia con las mismas se estableció que se beban los cuatro vasos de vino en Pesaj.

Además, se realiza un preparado de manzanas cocidas con nueces y almendras en memoria del barro con que hicieron trabajar a los hijos de Israel en Egipto.[2] Este preparado se denomina *jaroset,* y en él se sumergirán las hierbas amargas.[3]

Preparación de más hierbas amargas

También se prepara una hierba denominada *carpás,* y se hace hincapié en que no sea la misma especie preparada para cumplir con el precepto de las hierbas amargas –*maror*–, ya que para cumplir ese precepto se recita esta bendición: «Bendito eres Tú, El Eterno, Dios nuestro, Rey del universo, que nos ha santificado con Sus preceptos y nos ha ordenado lo concerniente a comer hierbas amargas». Y si ya se estuviera saciado de esas hierbas amargas, no se podrá recitar la bendición por las mismas. Por eso, se acostumbra a preparar otra hierba, preferiblemente apio, que se denomina *carpás.* Y la razón por la cual se eligió esta hierba es porque su nombre es el acrónimo de: *samej parej. Samej* es el nombre de la letra hebrea cuyo valor numérico es sesenta y *parej* significa dura labor. Y alude a las 60 decenas de miles de miembros de Israel que fueron obligados a realizar dura labor.[4] Y también se prepara vinagre o agua con sal para sumergir a esa hierba.[5]

---

2. Ben Ish Jai: sección Tzav
3. Shuljan Aruj Oraj Jaim 473:4, *Mishná Berurá* 20
4. Shuljan Aruj Oraj Jaim 473:4, *Mishná Berurá* 19
5. *Ibid.* 21

El trozo de carne y el huevo

Asimismo, se preparan dos alimentos, uno en memoria de la ofrenda de Pesaj y otro en recuerdo de la ofrenda festiva denominada Jaguiga.[6] Y se acostumbra a que esos alimentos sean un trozo de carne y un huevo.[7] Y se acostumbra a que la carne sea brazo[8] –zeroa–,[9] y se acostumbra a que la carne esté asada sobre las brasas y el huevo cocido.[10] Otra cosa que se prepara es el libro de la Hagadá, que contiene el relato de la salida de Egipto y los pasos que se desarrollan durante el Orden de Pesaj.

La revisión de la casa

Mientras se terminan de realizar los últimos preparativos, el día anterior a la festividad se revisa la casa en forma exhaustiva a la luz de la vela, como fue enseñado: «En la víspera del catorce se revisa de leudado –jametz– a la luz de la vela» (Mishná, tratado de Pesajim 1:1). Y a la mañana siguiente, se quema todo lo leudado que quedó o se encontró para eliminarlo completamente, ya que por la noche comienza la festividad de Pesaj.

Cuando llega la tarde, los varones van a la sinagoga para recitar la plegaria nocturna, y a veces también van las mujeres, al igual que en Shabat. Y cuando vuelven a la casa, realizan el Orden de Pesaj.

Los 15 pasos del Seder

Para realizar el Orden de Pesaj, traen al anfitrión una bandeja con tres panes ácimos, hierbas amargas –maror–, jaroset y apio –carpás– u otra

---

6. Esta ofrenda se comía para saciarse de su carne, ya que la ofrenda de Pesaj se comía a modo de postre después de saciarse con la carne de la comida festiva.

7. Shuljan Aruj Oraj Jaim 473:4, Mishná Berurá 21

8. Por eso, se acostumbra a preparar para ese fin ala de pollo, que es el brazo del pollo.

9. Por el brazo extendido que El Santo, Bendito Sea, mostró en Egipto, como está escrito: «Y El Eterno nos sacó de Egipto con mano fuerte y con brazo extendido, y con temor imponente, y con señales y maravillas» (Deuteronomio 26:8) (Mishná Berurá 27).

10. Shuljan Aruj Oraj Jaim 473:4

hierba, un ala de pollo y un huevo (*Shulján Aruj Oraj Jaim* 473:4). Y también traen agua con sal, o vinagre (Haga"a).

La razón de los tres panes es porque dos corresponden con el pan doble que se debe traer en todo día festivo, al igual que en Shabat, y uno más para dividirlo en dos. La mitad de ese pan es para cumplir con el precepto de comer el pan ácimo, ya que en la Torá se lo denomina «el pan del pobre», y es común en el pobre comer un trozo de pan, y no uno entero; y la segunda mitad es para el precepto de *afikomán,* que se come al final de la comida *(Mishná Berurá).*

Éstos son los 15 pasos del Orden –*seder*– de Pesaj:

1. El primer paso se denomina *kadesh.* Es la santificación del día sobre un vaso de vino, que será bebido al culminar la bendición, reclinándose sobre la izquierda.

   La razón por la que se debe reclinar sobre la izquierda es que se hace a modo de libertad; es decir, con su cabeza reclinada sobre la izquierda, sobre una cama o sobre un banco, y almohadones bajo su cabeza, junto a la mesa (*Shulján Aruj Oraj Jaim* 472:2, *Mishná Berurá*).

   E incluso un pobre, que no tiene almohadones, se ha de reclinar sobre su lado izquierdo sobre un banco. Y si no tiene un banco y se sienta en el suelo, también debe reclinarse sobre su lado izquierdo; y además, los sabios escribieron que si se reclina contra las rodillas de su compañero, también se denomina reclinarse en última instancia. Pero no si se reclina sobre sus propias rodillas, ya que se ve como si estuviera afligido (Haga"a, *ibid., Mishná Berurá*).

   Y cuando se reclina, no debe reclinarse sobre su espalda, ni sobre su rostro, ni hacia su lado derecho, sino hacia su lado izquierdo (*Shulján Aruj Oraj Jaim* 472:3), ya que si se reclina sobre su espalda o sobre su rostro, no se denomina reclinado a modo de libertad. Y tampoco debe hacerlo sobre su lado derecho, porque no se denomina reclinado para comer, ya que necesita comer con su derecha. Y, además, hay otra razón: por si se adelanta la tráquea al esófago, ya que el esófago está en el lado derecho, y cuando inclina su cabeza hacia su derecha, se abre la cubierta que está sobre la tráquea en forma automática, y el alimento puede entrar por allí, y su vida puede correr riesgo *(Mishná Berurá)*.

2. A continuación, se realiza el segundo paso, denominado *urjatz*. Es el lavado de manos purificador, similar a como se hace para comer pan, pero sin recitar la bendición respectiva, pues esta vez será para ingerir una verdura sumergida en agua, un trozo de apio —*carpás*— o de otro vegetal que no sea dulce.
A esto se refiere lo que fue enseñado: «Si come cualquier cosa sumergida en uno de estos siete líquidos denominados *mashke:*[11] vino, miel, aceite, leche, rocío, sangre o agua, sin secar, e incluso si sus manos no tocan el lugar húmedo, necesita purificarse las manos con agua sin pronunciar la bendición» (*Shulján Aruj Oraj Jaim* 158:4).
No se pronuncia la bendición porque hay algunos sabios denominados *rishonim* que consideran que los sabios no requirieron la purificación de las manos para algo sumergido en líquidos denominados *mashké*, sino en los días de ellos, cuando comían con pureza, lo cual no es así ahora. Porque todos estamos impuros a través de (la impureza generada por los cadáveres de los) muertos, y por eso no se pronuncia la bendición por la purificación de las manos, ya que cuando hay dudas acerca de bendiciones, si se deben pronunciar o no, se es indulgente *(Mishná Berurá)*.

---

11. Se refiere a líquidos para beber, como está escrito: «Y éste es para vosotros el animal impuro entre los animales que se desplazan sobre la tierra: la comadreja, el ratón y el hurón, según su especie [...] Éstos son impuros para vosotros entre todos los (animales) que se desplazan (sobre la tierra); todo el que toque sus cadáveres permanecerá impuro hasta el anochecer. Y todo lo que cayere sobre ellos estando muertos será impuro; todo objeto de madera, o vestimenta, o cuero, o saco, todos los objetos con que se realizan labores serán introducidos en agua, y permanecerán impuros hasta la noche, y entonces serán puros. Y toda vasija de barro en cuyo interior cayere algo de ellos, todo lo que hubiere en su interior será impuro; y a ésta la quebraréis. De todo alimento que se comiere (y estuviere en el interior de una vasija impura), y cayere sobre él agua, será impuro; y todo líquido —*mashké*— que fuere para beber (y estuviere) en una vasija (impura) será impuro» (Levítico 11:29–34).

3. El tercer paso se denomina *carpás*. Para cumplirlo, se toma el apio, u otra verdura, y se recita la bendición para comer vegetales: «Bendito eres Tú, El Eterno, Dios nuestro, Rey del universo, Creador del fruto de la tierra». Y se sumerge la verdura en agua con sal, o vinagre, y se la ingiere. Además, cuando se recita la bendición, se debe pensar que la misma recaiga también sobre la hierba amarga que se comerá más tarde, en el paso denominado *maror*.

4. A continuación, se realiza el cuarto paso denominado *iajatz*. Para cumplirlo, se parte el pan ácimo del centro en dos partes, guardando en un lugar seguro el trozo más grande para comerlo al final de la comida –*afikomán*–, y se deja el trozo más pequeño entre los otros dos panes ácimos que quedaron en la bandeja.

5. El quinto paso se denomina *maguid*. Para cumplirlo se recita la Hagadá, que es el texto que narra la salida de Egipto. Y después se bebe la segunda copa de vino de la noche, reclinándose sobre la izquierda.

6. El sexto paso se denomina *rojtzá*. Para cumplirlo se lavan las manos nuevamente, pero recitando la bendición, ya que a continuación se comerá el pan ácimo.

7. El séptimo paso se denomina *motzí*. Para cumplirlo se toma el pan ácimo de arriba y el de abajo, los cuales están enteros, manteniendo en el medio de ambos el pan partido. Y se recita la bendición para comer pan: «Bendito eres Tú, El Eterno, Dios nuestro, Rey del universo, que saca el pan de la tierra–*hamotzi*–».

8. El octavo paso se denomina *matzá*. Para cumplirlo se deja caer el pan ácimo de abajo y se toman el partido y el superior. Sobre ellos se recita la bendición: «Bendito eres Tú, El Eterno, Dios nuestro, Rey del universo, que nos ha santificado con Sus preceptos y nos ha ordenado comer pan ácimo». Y reclinado sobre la izquierda, se come el pan.

9. El noveno paso se denomina *maror*. Para cumplirlo se toma la lechuga, u otra hierba amarga, y se pronuncia la bendición: «Bendito eres Tú, El Eterno, Dios nuestro, Rey del universo, que nos ha santificado con Sus preceptos y nos ha ordenado ingerir la hierba amarga». Se coloca un poco del preparado de manzanas cocidas con nueces y almendras denominado *jaroset*,[12] y se come por lo menos una medida equivalente al tamaño de una aceituna de la hierba amarga.

10. El décimo paso se denomina *corej*. Para cumplirlo se hace un sándwich con pan ácimo y hierbas amargas, y se ingiere.

11. El undécimo paso se denomina *shulján orej*. Para cumplirlo se sirve la comida y se la come.

12. El duodécimo paso se denomina *tzafún*. Para cumplirlo se ingiere el trozo de pan ácimo que había sido guardado; se denomina *afikomán*.

A esto se refiere lo que fue enseñado: «No se culmina después de Pesaj con *afikomán*» (*Mishná*, tratado de *Pesajim* 10:8), pues el sacrificio de Pesaj se debe comer al final de la comida para que sea comido estando saciados, a modo de postre. Y en la *Mishná* se enseña que después de la ingestión del Pesaj, no se finaliza la comida con *afikomán*, o sea, con acompañantes, y con especies de dulces que se acostumbran a comer como postre. Porque está prohibido comer otras cosas después del sacrificio de Pesaj, para que quede el gusto de su carne en la boca.

La expresión *afikomán* es una palabra griega y se refiere al banquete que se sirve después de la comida, con vino, frutas y dulces (véase Tosafot Rabí Akiva Higuer y «Tiferet Israel»).

En el Talmud se enseñó que la expresión *afikomán* es un acrónimo que contiene las palabras *aficu man* y su significado es «reti-

---

12. Hay comunidades que acostumbran a comer la hierba amarga con el *jaroset*, y hay otras comunidades que acostumbran a soltar el *jaroset* antes de comer la hierba amarga.

ren el alimento». Esto es, no decimos: «Retiren y traigan dulces como postre» (véase Talmud, tratado de *Pesajim* 119b).

Ahora bien, en la actualidad no se come el sacrificio de Pesaj, tal como ya hemos dicho, porque no estamos puros, y sí se come el pan ácimo. Y se enseñó que, así como no se culmina después del Pesaj *afikomán,* del mismo modo no se culmina después del pan ácimo *afikomán.* Es decir, se come el tamaño equivalente a una aceituna de pan ácimo en la culminación de la comida, y después no se come nada más para que el sabor del pan ácimo quede en la boca, ya que su ingestión es un precepto (Maimónides, leyes de leudado y pan ácimo 8:9).

Y debido a que después de comer el último trozo de pan ácimo, o sea, el equivalente al tamaño de una aceituna, está prohibido culminar con *afikomán,* o sea, comer otra cosa; por eso llamaron a ese trozo de pan ácimo que se come al final de la comida del Orden —*seder*— de Pesaj por el nombre de *afikomán* (Shiltei Haguiborim).

13. El paso decimotercero se denomina *barej.* Para cumplirlo se recita la bendición final para después de comer pan, y al concluir se bebe la tercera copa de vino de la noche, reclinándose sobre la izquierda.

14. El decimocuarto paso se denomina *halel.* Para cumplirlo se sirve la cuarta copa de vino, y se recitan los Salmos que componen la alabanza denominada Halel. Y al finalizar, se bebe la cuarta copa de vino de la noche reclinándose sobre la izquierda.

15. El decimoquinto paso se denomina *nirzá.* Es la culminación de la ceremonia donde nuestro homenaje al Creador es aceptado.

IV

LA FESTIVIDAD DE SHAVUOT

En la festividad de Shavuot se realiza la santificación del día sobre un vaso de vino, como todo día festivo, y también se come pan, y hay costumbres especiales, tales como comer alimentos lácteos. También hay una costumbre de adornar las sinagogas con plantas, y también se acostumbra a quedarse despierto toda la noche estudiando. A continuación, veremos lo concerniente a la festividad de Shavuot y las costumbres mencionadas.

En el mes de Nisán del año 2448 según el calendario hebreo, el día 15 del mes el pueblo de Israel salió de Egipto tras haber permanecido allí como esclavos por un período de 210 años. Este hecho se conmemora año tras año en la festividad de Pesaj.

Después de la salida de Egipto, transcurrieron siete semanas en las cuales el pueblo judío disfrutó de la libertad y se repuso de las secuelas dejadas por la hostilidad egipcia en el pasado. Transcurrido este lapso, los hijos de Israel se encontraban en condiciones de recibir la Torá. Por eso, los preparativos fueron intensos, y muchos de ellos quedaron registrados en el Pentateuco.

En el libro de Éxodo, se narran los aprontamientos realizados para la gran ceremonia que se aproximaba, como está escrito: «En el mes tercero de la salida de los hijos de Israel de la tierra de Egipto, en ese día vinieron al desierto de Sinaí. Se desplazaron desde Refidim, y vinieron al desierto de Sinaí, y acamparon en el desierto; e Israel acampó allí, frente a la montaña. Y Moisés ascendió hacia Dios, y El Eterno lo llamó desde la montaña, diciendo: "Así dirás a la casa de Jacob y comunicarás a los hijos de Israel: vosotros habéis visto lo que he hecho a Egipto, y que os he transportado sobre alas de águilas y os he traído a Mí. Y ahora, si ciertamente escuchareis Mi voz, y guardareis Mi pacto, seréis para Mí un tesoro de entre todos los pueblos, porque Mía es toda la tierra. Y vosotros seréis para mí un reino de sacerdotes, y un pueblo santo; éstas son las palabras que hablaréis a los hijos de Israel". Y vino Moisés, y llamó a los ancianos del pueblo, y puso ante ellos todas estas palabras que El Eterno le había ordenado. Y todos los del pueblo le respondieron y le dijeron con unanimidad: "Todo lo que El Eterno ha hablado haremos"» (Éxodo 19:1–8).

Entonces Moisés volvió a ascender, y llevó las palabras de los hijos de Israel a El Eterno, y recibió más instrucciones, como está escrito: «Y Moisés llevó las palabras del pueblo a El Eterno. Y El Eterno dijo a Moisés: "He aquí que Yo vengo hacia ti en la espesura de la nube, para que el pueblo oiga cuando hable contigo, y también para que crean en ti para siempre"; y Moisés comunicó las palabras del pueblo a El Eterno. El Eterno dijo a Moisés: "Ve al pueblo para que se preparen hoy y mañana, y laven sus vestimentas. Y estén preparados para el día tercero, porque al tercer día El Eterno descenderá ante los ojos de todo el pueblo sobre la Montaña del Sinaí. Y pondrás límites para el pueblo alrededor, diciendo: "Cuidaos de no ascender a la montaña ni de tocar su extremo; todo el que tocare la montaña ciertamente morirá". Ninguna mano la tocará, pues será apedreado o arrojado, ya sea animal o persona, no vivirá; con el sonido extendido del cuerno, ellos ascenderán a la montaña» (Éxodo 19:8–13).

Entonces Moisés descendió para transmitir al pueblo de Israel las palabras de El Eterno y que se cumplieran sus ordenanzas, como está escrito: «Y Moisés descendió de la montaña al pueblo, y santificó al pueblo, y lavaron sus vestimentas. Y dijo al pueblo: "Estad preparados para el tercer día; no os acerquéis a mujer"» (Éxodo 19:14–15).

LAS GRANDES REVELACIONES

A continuación se mencionan las grandes revelaciones que tuvieron lugar, como está escrito: «Y al tercer día, cuando llegó la mañana, aconteció que vinieron truenos y relámpagos, y densa nube sobre la Montaña, y sonido de cuerno muy fuerte; y todo el pueblo que estaba en el campamento se estremeció. Moisés sacó al pueblo del campamento al encuentro de (la palabra de) Dios, y se pusieron de pie al pie de la Montaña. Y toda la Montaña del Sinaí estaba humeante, porque El Eterno había descendido sobre ella en el fuego; su humo ascendía como el humo de un horno, y toda la Montaña se estremeció en gran manera. Y el sonido del cuerno iba y se fortificaba mucho; Moisés hablaba, y Dios le respondía con una voz» (Éxodo 19: 16–19).

A continuación, se menciona el descenso de la manifestación de El Eterno y una nueva llamada a Moisés para que subiera nuevamente a la Montaña, como está escrito: «Y (la manifestación de) El Eterno descendió sobre la Montaña del Sinaí, sobre la cima de la Montaña; y El Eterno llamó a Moisés a la cima de la Montaña, y Moisés subió. Y El Eterno dijo a Moisés: "Desciende, advierte al pueblo que no traspase los límites para lanzarse a ver a El Eterno, y no caiga multitud de él". Y también los sacerdotes que se acerquen a El Eterno se santificarán para que El Eterno no acometa contra ellos. Y Moisés dijo a El Eterno: "El pueblo no podrá ascender a la Montaña del Sinaí, pues Tú nos has advertido, diciendo: delimita la Montaña y conságrala". El Eterno le dijo: "Ve, desciende, y ascenderás tú y Aarón contigo; y los sacerdotes y el pueblo no traspasarán el límite para ascender a El Eterno para que no arrase contra ellos" (Éxodo 19:20–24).

La entrega de los Diez Mandamientos

Posteriormente, Moisés volvió a bajar de la Montaña, y comunicó a la congregación lo solicitado por El Eterno, como está escrito: «Y descendió Moisés al pueblo y les dijo (esa advertencia)» (Éxodo 19:25).

Y llegó el día de la entrega de los Diez Mandamientos, que es la base de la Torá. Este hecho tuvo lugar el día 6 del mes Siván del año 2448 según el calendario hebreo.

En el día en que eso ocurrió, se vieron poderosos truenos que emanaban de El Eterno, y la Montaña del Sinaí estaba humeante. Se oyó un fuerte sonido de cuerno –shofar–, y todo el mundo se paralizó.

Entonces fueron escuchados los Diez Mandamientos directamente de El Eterno, como está escrito: «Y Dios dijo todas estas palabras, diciendo» (Éxodo 20:1).

Primer mandamiento

«Yo soy El Eterno, tu Dios, que te saqué de la tierra de Egipto, de la casa de la esclavitud».

Segundo mandamiento

«No tendrás otros dioses ante Mi Presencia. No harás para ti imagen ni ninguna semejanza de lo que hay arriba en los Cielos, ni abajo en la tierra, ni en las aguas debajo de la tierra. No te inclinarás ante ellas ni las adorarás, porque Yo soy El Eterno, tu Dios, Dios celoso, que recuerda el pecado de los padres sobre los hijos y sobre la tercera (generación) y sobre la cuarta de los que me aborrecen; y hago bondad a millares a los que Me aman y guardan Mis preceptos».

Tercer mandamiento

«No tomarás para jurar en el Nombre de El Eterno, tu Dios, en vano, pues El Eterno no absolverá a nadie que tome Su Nombre en vano».

Cuarto mandamiento

«Recuerda el día de Shabat para santificarlo. Seis días trabajarás y harás toda tu labor. Y el día séptimo es Reposo para El Eterno, tu Dios; no haréis ninguna labor, tú, tu hijo, tu hija, tu siervo, tu sierva, tu animal y tu extranjero que está dentro de vuestros portales, pues El Eterno hizo los Cielos y la Tierra, el mar y todo lo que hay en ellos en seis días y descansó el día séptimo; por lo tanto, El Eterno bendijo el día de Reposo y lo santificó».

Quinto mandamiento

«Honra a tu padre y a tu madre para que se prolonguen tus días sobre la tierra que El Eterno, tu Dios, te da».

Sexto mandamiento

«No matarás».

Séptimo mandamiento

«No cometerás adulterio».

Octavo mandamiento

«No robarás».

Noveno mandamiento

«No declararás falso testimonio contra tu prójimo».

Décimo mandamiento

«No codiciarás la casa de tu prójimo. No codiciarás la mujer de tu prójimo, su sirviente, su sirvienta, su toro, su asno, ni nada que sea de tu prójimo» (Éxodo 20:2–14).

Las Tablas de la Ley

Después de esa revelación, al día siguiente, el 7 de Siván, Moisés ascendió nuevamente a la cima de la Montaña del Sinaí para ir en busca de las Tablas de la Ley, en las cuales estarían escritos los Diez Mandamientos que habían sido escuchados (Seder Olam Rabá).

La base de toda la Torá consiste en estos Diez Mandamientos. Por eso, cada año, al llegar ese día se celebra la festividad de la entrega de la Torá, llamada *Shavuot*.

Los nombres de la festividad

La festividad de Shavuot tiene cuatro nombres:

La festividad de la Siega –*Jag Hakatzir*–, como está escrito: «Y la festividad de la Siega de las primicias de tu producción que siembras en el campo» (Éxodo 23:16).

La festividad de las Semanas –*Jag Hashavuot*–, como está escrito: «Y harás para ti la festividad de las semanas –*Shavuot*–, con la primicia de la ofrenda de la siega de trigo» (Éxodo 34:22). Y también está dicho: «Y realizarás la festividad de Shavuot para El Eterno, tu Dios» (Deuteronomio 16:10).

La festividad de las Primicias –*Iom Habikurim*–, como está escrito: «Y en el día de las primicias –*Iom Habikurim*–, cuando ofrezcáis una nueva ofrenda vegetal a El Eterno en (el plazo que se cumple al completarse) vuestras (siete) semanas, será una Santa Convocación para vosotros; no haréis ninguna labor».

La festividad de la Abstención –*Atzeret*–. Fue llamada así por disposición rabínica.

Ésta es la explicación de los nombres de la festividad:

Jag Hakatzir

El nombre «la festividad de la Siega –*Jag Hakatzir*–» se debe a que ésa es la época de la siega del trigo, que es el último grano en madurar. En ese tiempo, tras la recolección del trigo, concluye el período anual de la cosecha de cereales. Por eso, se realiza una fiesta en la que se trae la nueva ofrenda a la Casa del Eterno.

SHAVUOT

El nombre «la festividad de las Semanas –*Jag Shavuot*–» se debe a las siete semanas –*shavuot*– que se cuentan previamente a la celebración, o sea, las siete semanas de la cuenta del Omer. Al concluir este período, en el quincuagésimo día, se realiza día festivo por El Eterno y por la Torá que nos entregó.

IOM HABIKURIM

El nombre «la festividad de las Primicias –*Iom Habikurim*–» se debe a la ofrenda de la nueva cosecha, consistente en dos panes de trigo que se presentaban en el Templo Sagrado. A partir de esta ofrenda quedaba permitido ofrecer en el Templo Sagrado presentes provenientes de la nueva cosecha y llevar frutos de la nueva producción.

Respecto a esto último, se preguntó: ¿acaso la ofrenda de la nueva cosecha no fue presentada cuando se trajo el Omer en Pesaj? La respuesta es que esa ofrenda –el Omer– difiere de todas las demás, pues es de cebada (Rashi en Levítico 23:16).

En el día de la presentación de los dos panes de trigo, comienza además el período de las primicias. Por eso, cada uno toma las primicias de los frutos de su tierra, con los cuales fue alabada la Tierra de Israel,[1] los coloca en una canasta y los trae a la Casa de El Eterno. Entonces el sacerdote –*kohen*– toma la canasta de su mano y la coloca frente al Altar de El Eterno.

---

1. Como está escrito: «Tierra de trigo y cebada, y vid, e higuera, y granado, tierra de olivo de aceite y miel (de dátiles)» (Deuteronomio 8:8).

Los panes de Shavuot

En el Talmud se menciona un estudio que revela la importancia de la ofrenda de los Dos Panes de Shavuot: ¿por qué causa se dijo en la Torá que traigan el Omer –la ofrenda de cebada por la nueva cosecha– en Pesaj?

A causa de que Pesaj es tiempo de cosecha. Dijo El Eterno: «Traed delante de Mí el Omer en Pesaj para que os sea bendecido el grano en los campos».

¿Y por qué causa se dijo en la Torá que traigan los Dos Panes (de trigo) en *Atzeret*?

A causa de que *Atzeret* –Shavuot– es el tiempo de las frutas del árbol. Dijo El Eterno: «Traed ante Mí los Dos Panes (de trigo) en *Atzeret* para que os sean bendecidas las frutas de los árboles».

¿Y por qué causa se dijo en la Torá que viertan agua en la festividad (Sucot)?

A causa de que la festividad (de Sucot) acaece en el tiempo anual de las lluvias. Dijo El Eterno: «Verted delante de Mí agua en la festividad de Sucot para que os sean bendecidas las lluvias del año» (Talmud, tratado de *Rosh Hashaná* 16a).

Atzeret

El nombre «la festividad de la Abstención –*Atzeret*–» se debe a una disposición rabínica. Es por la similitud de esta celebración con la también llamada festividad de *Atzeret* por lo que se celebra al culminar la festividad de Sucot, pues después de los siete días de Sucot se celebra *Sheminí Atzeret*.

Por lo tanto, para saber la razón de la denominación de *Atzeret* a la festividad de Shavuot, se necesita comprender la razón de tal designación al último día de Sucot. Y en Sucot, cada uno debe presentarse en el Templo Sagrado por ordenanza de El Eterno, como está escrito: «Tres veces al año se presentará todo varón frente a la Presencia de El Eterno, tu Dios, en el lugar que escogerá, en la festividad del Pan Ácimo –Pesaj–, en la festividad de Shavuot y en la festividad de las Cabañas –Sucot–» (Deuteronomio 16:16).

Además, El Eterno nos ordenó que en esa festividad, Sucot, habitemos en cabañas, como está escrito: «En cabañas residiréis siete días» (Levítico 23:42). Y después de ese período, el día séptimo de Sucot, al culminar el plazo establecido, es el momento de separarse de la Morada de Dios para regresar cada uno a su lugar de residencia.

Pero cuando llega ese momento, El Eterno no desea que nos vayamos, es más, anhela que nos quedemos un poco más junto a Él. Es como aquel rey que invitó a sus hijos a un banquete por una determinada cantidad de días, y llegado el momento de despedirse, les dice:

Hijos míos, demoraos y quedaos conmigo un día más, pues es para mí difícil la despedida.

Del mismo modo ocurre con El Eterno, quien dijo: «Siete días ofreceréis ofrenda ígnea a El Eterno; el octavo día será Santa Convocación para vosotros y ofreceréis ofrenda ígnea a El Eterno; es Atzeret, no haréis ninguna labor de trabajo» (Levítico 23:36, Rashi).

Ahora bien, ¿por qué el versículo no dijo directamente: «Celebren ocho días»? ¿Por qué se dijo «siete días» y después «el octavo día será Santa Convocación para vosotros»?

La respuesta es ésta: Dios habló de esa manera para que comprendamos que el motivo de este octavo día se debe a que «¡es para Mí difícil la despedida!».

Así pues, se dilucida el motivo del nombre de esta festividad «Sheminí Atzeret». La expresión *sheminí* significa octavo, y *atzeret*, significa detenerse. Es decir, al octavo día hay que detenerse y quedarse con El Eterno un día más.

RELACIÓN DE ATZERET CON SHAVUOT

En Shavuot ocurre algo similar a Sucot, pues está escrito: «Y contaréis para vosotros desde el día que sigue al (día de) cesado —de labor, o sea, el primer día de Pesaj— desde que traéis la ofrenda del *omer* de la agitación; siete semanas completas serán. Y contaréis cincuenta días hasta el día siguiente de la séptima semana, y ofreceréis una nueva ofrenda vegetal a El Eterno. Traeréis de vuestras residencias dos panes para ofrenda de agitación, serán de dos décimos de *efá* de flor de harina, horneados con levadura, primicias para El Eterno. Y con el pan ofreceréis siete corderos íntegros en su primer año, y un toro de los vacunos, y dos carneros; serán ofrenda ígnea para El Eterno, y sus ofrendas vegetales, y sus libaciones, como ofrenda ígnea, en aroma agradable para El Eterno. Y haréis un macho cabrío como ofrenda expiatoria, y dos corderos en su primer año como ofrendas de paz. Y el sacerdote los moverá –hacia los cuatro flancos, y arriba y abajo– sobre los panes de las primicias, en un movimiento ante El Eterno, sobre los dos corderos; serán santos ante El Eterno para el sacerdote» (Levítico 23:15–21).

El versículo indica que después de contar los 49 días solicitados, al llegar al día 50, se celebra la festividad de Shavuot y se presenta la nueva ofrenda consistente en dos panes elaborados con trigo nuevo. Asimismo, apreciamos que la cuenta de los 49 días, entre Pesaj y Shavuot, enlaza a estas dos festividades, siendo Shavuot el final de Pesaj. Y como Pesaj dura siete días y Shavuot sólo uno, los sabios vieron a esta conmemoración como el octavo día de Pesaj, es decir, como si fuera Atzeret de Pesaj. Y los 49 días de la cuenta del Omer no se consideran una interrupción. Por eso se llamó a Shavuot por el nombre de Atzeret (Sefer Hatodá, véase *Ialkut*).

Cómo se celebra Shavuot

Shavuot se celebra como las demás festividades, y se recitan las plegarias del día festivo, también se lee la Torá y se recita la alabanza denominada Halel.

Además, fue enseñado que los piadosos de antaño se mantenían despiertos durante toda la noche y se ocupaban del estudio de la Torá. Por eso, también en la actualidad la mayoría de los estudiosos hacen lo mismo, permanecen despiertos y estudian hasta el amanecer.

Asimismo, está escrito en el Código Legal –*Shuljan Aruj*– del sabio cabalista Ari'zal que aquel que no duerme durante toda esa noche y se ocupa de la Torá debe tener certeza de que culminará el año sin que le ocurra ningún daño. Maguen Abraham explicó la razón: es porque los hijos de Israel, en el día en que se aprestaban a recibir la Torá, durmieron toda la noche y El Eterno debió despertarlos para que la recibieran. Por lo tanto, nosotros debemos reparar eso.

Plantas en la sinagoga

Otra costumbre es que en la noche de Shavuot se suele decorar con plantas la sinagoga y también los hogares en recuerdo de la alegría de la entrega de la Torá, pues en ese entonces, cuando El Eterno dio la Torá al pueblo judío en la Montaña del Sinaí, que se encuentra en el desierto, sus laderas estaban llenas de vegetación. Esto lo podemos apreciar en el versículo que menciona los recaudos que se debían tomar cuando El Eterno entregara la Torá, como está escrito: «Y no ascienda contigo ningún hombre, y ningún hombre sea visto en toda la Montaña; tampoco las ovejas y el ganado vacuno podrán pastar frente a esa montaña» (Éxodo 34:3). Se aprecia que en las laderas de la Montaña había mucha vegetación (*Mishná Brurá a Shulján Aruj Oraj Jaim* 494:1).

Y algo sorprendente que se observa en la festividad de Shavuot en relación con lo mencionado es que muchos años, cuando llega esa festividad, en el Muro de Jerusalén –*Kotel*–, que quedó de la edificación del Templo Sagrado y que gran parte del año está lleno de plantas que crecen entre las piedras de éste, esas plantas florecen.

Comidas lácteas en Shavuot

Asimismo, en muchos lugares se acostumbra a comer alimentos lácteos en Shavuot. El motivo es similar a lo que se hace con los dos alimentos que se colocan en la bandeja –*keará*– de Pesaj, el trozo de pollo asado y el huevo. El trozo de pollo asado es en memoria del sacrificio de Pesaj, y el huevo en recuerdo del sacrificio festivo –Jaguigá–.

También en Shavuot se hace algo parecido, pues se ingieren dos tipos de alimentos: primero lácteos y después cárnicos. Y para eso serán necesarios dos panes, uno para la comida láctea y otro para la cárnica. O sea, estas dos clases de comestibles, lácteos y de carne, hacen que ineludiblemente se traigan dos panes a la mesa, la cual se asemeja al Altar, y a través de ello se recuerdan los Dos Panes que se presentaban en Shavuot en el Templo Sagrado (*Mishná Berurá a Oraj Jaim* 494:1, Ram"á).

Lo mencionado, es decir, que además de ingerir lácteos también se acostumbra a comer carne, se debe a que Shavuot es en un día festivo.

Y al respecto fue ordenado: «Te alegrarás en tu festividad», y para que haya alegría debe haber carne.

Ahora bien, aunque en Shavuot se come comida láctea y comida cárnica, hay que evitar consumir lácteos y carne a la vez, mezclándolos, porque en la Torá se ordenó no mezclar carne y leche, debiéndose hacer una pausa después de consumir lácteos, para comer después la carne. Además, se debe cambiar el mantel entre la comida láctea y la de carne.

El hecho de que se deba cuidar este detalle también en Shavuot está aludido en el versículo que manifiesta: «Traerás los primeros frutos de lo que produzca tu tierra a la Casa de El Eterno, tu Dios; no cocerás el cabrito en la leche de su madre –se indica no mezclar carne con leche–» (Éxodo 34:26) (Shl'á).

Otro motivo por el cual se acostumbra a consumir lácteos en Shavuot es porque Moisés fue colocado en una cesta de mimbre y arrojado al río. Esto fue hecho por su madre en un intento por salvarle la vida y ponerlo a salvo de los legionarios egipcios, ya que había sido legislado un decreto que exhortaba matar a todo bebé de sexo masculino que naciera. Pero la hija del Faraón vio al bebé y lo rescató. Ella se dio cuenta de que era de los hebreos, tomó al pequeño y se lo llevó. Una vez en el palacio, intentó amamantar al bebé, pero éste rehusó beber leche de nodriza ajena. Por eso, la hija del Faraón envió a buscar a una mujer de las hebreas para que amamantara al niño, y cuando se la trajeron –a la nodriza, que era su madre–, bebió.

El día en que la hija del Faraón rescató a Moisés de las aguas fue el 6 de Siván. Y como ese mismo día ocurrió el suceso de la leche, en el que Moisés hizo tanto hincapié, por eso se conmemora este acto en la festividad de Shavuot de cada año ingiriendo alimentos lácteos.

CARNE Y LECHE

Además, fue enseñado que antes de la entrega de la Torá, no regían oficialmente las leyes del ritual de degüello de animales y demás procesos para tornar a la carne apta para el consumo –kosher– de acuerdo con las leyes de la Torá. Pero a partir de la entrega de la Torá, todas las leyes concernientes tomaron vigencia, pasando todos los utensilios a condición de no *kosher*. Por lo tanto, para poder comer carne, ahora debían sumergir todos los recipientes en agua hirviendo –*hagalá*– para que expelieran lo que no era *kosher* de su interior. Pero como la entrega de la Torá fue en Shabat, eso era imposible. Debido a esto, se vieron forzados a ingerir sólo alimentos lácteos.

Otro motivo es éste: uno de los versículos que se refieren a la festividad de Shavuot manifiesta: «Y en el día de las primicias –*Iom Habikurim*–, cuando ofrezcáis una nueva ofrenda vegetal a El Eterno en (el plazo que se cumple al completarse) vuestras (siete) semanas, será una santa convocación para vosotros; no haréis ninguna labor» (Números 28:26).

Las iniciales de las palabras: «cuando ofrezcáis una nueva ofrenda vegetal a El Eterno», en el texto original hebreo forman el término «*mejalab*», que significa «lácteo».

V

ROSH HASHANÁ

La Santa Convocación que viene después de Shavuot es Rosh Hashaná. Para Rosh Hashaná se encienden velas, como los días festivos, y se realiza la santificación del día sobre un vaso de vino —*kidush*—, mencionándose temas específicos de Rosh Hashaná. Y hay comidas festivas. También se comen productos especiales a modo de buena señal. Y se hace sonar el cuerno denominado *shofar*.

Éstos son algunos detalles relevantes de esta Santa Convocación: Rosh Hashaná significa literalmente: Cabeza del Año, o sea, Año Nuevo, y se conmemora el primer día, y el segundo día, del mes hebreo de Tishrei. Y el nombre de esta Santa Convocación según la Torá es *Yom Teruá*, que significa Día de Quebranto, como está escrito: «En el séptimo mes, el primero del mes será para vosotros Santa Convocación; no haréis ninguna labor de trabajo, será un día de quebranto —*Yom Teruá*— para vosotros» (Números 29:1).

DÍA DEL JUICIO

Rosh Hashaná es un día de sollozo porque es el día en el que se realiza el juicio sobre todos los seres del mundo, tal como fue mencionado en la *Mishná*: «En Rosh Hashaná todos los que vienen al mundo pasan ante Él como las ovejas del rebaño —a las que se hace pasar por una puerta estrecha una a una–,[1] como está dicho: "Quien forma sus corazones al mismo tiempo, quien entiende todas sus acciones"» (Salmos 33:15) (*Mishná*, tratado de *Rosh Hashaná* 1:2).

Debido a todo ello, Rosh Hashaná es un día de reflexión, introspección y arrepentimiento, porque en ese día toda persona es juzgada. Siendo así, ¿qué lugar hay para celebrar y estar alegres en ese día? Para comprender esto, citaremos un pasaje del libro de Nehemías: «Y residieron los sacerdotes, y los levitas, y los porteros, y los cantores, y los del pueblo, y los sirvientes, y todo Israel, en sus ciudades, y llegó el mes séptimo, y los hijos de Israel estaban en sus ciudades. Y todo el pueblo se reunió como un solo hombre en la plaza que está frente al Portal de las Aguas, y dijeron a Esdras el escriba que trajera el Libro de la Torá de Moisés, que El Eterno había ordenado a Israel. Y el sacerdote Esdras trajo la Torá delante de la congregación, tanto de hombres como de mujeres, y de todo el que era capaz de entender, el primer día del mes séptimo» (Nehemías 8:1–3).

Se aprecia que todos se reunieron el primer día del mes séptimo, que es el día de Rosh Hashaná. Y a continuación está escrito: «Y leyó de él –el libro de la Torá– delante de la plaza que está ante el Portal de las Aguas, desde la salida del Sol hasta el mediodía, ante los hombres, y las mujeres, y los que entendían; y los oídos de todo el pueblo estaban atentos al libro de la Torá […]. Y Nehemías, que era Hatirshata,[2] y el sacerdote Esdras, el escriba, y los levitas que hacían entender al pueblo, dijeron a todo el pueblo: "Hoy es día santo para El Eterno, nuestro Dios, no estéis de duelo, y no lloréis", porque todos los del pueblo lloraban cuando escuchaban las palabras de la Torá. Y les dijo: "Id, comed grosuras y bebed bebida dulce, y enviad porciones a los que no tienen preparado, porque es día santo para nuestro Señor; y no os entristezcáis, porque vuestra fortaleza –con que os fortificáis– es alegría para El Eterno"» (Nehemías 8:4–10).

Se observa que es un día de arrepentimiento, introspección y reflexión, y también un día de alegría, ya que hay que confiar en que El

---

1. Para apartar una de cada diez, y cumplir así con el precepto del diezmo.
2. Esta palabra significa «el que bebió con permiso», porque los sabios le permitieron beber del vino que era utilizado para fines no sacros por los gentiles, debido a que era el ministro de bebidas del rey (Rashi, Metzudat David a Esdras 2:63, Talmud).

Eterno es bondadoso y perdona las faltas, aceptando nuestro arrepentimiento.

Dos días de celebración

Ahora bien, ¿por qué Rosh Hashaná se realiza durante dos días, el primero y el segundo día del mes hebreo de Tishrei?

En el texto bíblico se menciona que se celebra el día 1 del mes séptimo –Tishrei–, como está escrito: «En el mes séptimo, el primero del mes será para vosotros (día de) descanso, recordatorio de (sonido de) quebranto –*Yom Teruá*–» (Levítico 23:24). Vemos que fue ordenado sólo un día. Y también hay que considerar que en los tiempos de antaño se fijaba el principio de mes observando el nacimiento de la luna por prescripción bíblica. Y ésta debería ser avistada por no menos de dos hombres que debían testificar delante del Tribunal Supremo. Y los miembros del Tribunal, desde el atardecer del día 29 de Elul, que es el mes anterior a Tishrei, consagraban al día naciente (los días según la Torá comienzan por la noche), determinándolo sagrado, por las dudas de que, entrada la noche o cuando despuntara el alba, llegaran testigos desde lejos e informaran de que avistaron la luna antes del atardecer, resultando que el día que estaba transcurriendo fuera Rosh Hashaná. Y si no iban, declaraban a ese día retroactivamente como laboral, y celebraban Rosh Hashaná al día siguiente, ya que no hay ningún mes que tenga más de treinta días. Y para que no se menosprecie al primer día que es santificado condicionalmente, los profetas decretaron que Rosh Hashaná fuera siempre de dos días.

La cena de Rosh Hashaná

Como todas las celebraciones, Rosh Hashaná comienza con la caída de la tarde. Y antes de la cena se realiza la santificación del día sobre un vaso de vino, y después se lavan las manos para purificarlas, y se come pan. Pero existe la costumbre de comer productos especiales para abrir la cena, tal como fue enseñado: «La persona debe habituarse a comer en Rosh Hashaná frijoles –*rubia*–, puerro –*karti*–, remolacha –*silka*–, dátiles

–tamrei– y calabaza *–kerá–*. Y cuando se comen los frijoles *–rubia–*, se dice: «Sea tu voluntad que se incrementen nuestros méritos». Por el puerro: «Que sean tronchados nuestros enemigos». Por la remolacha: «Que se aparten nuestros enemigos». Por los dátiles: «Que se terminen nuestros enemigos». Por la calabaza: «Que sea roto el decreto de nuestros juicios y sean llamados ante ti nuestros méritos» (Apéndice *Hagaá*). Y se acostumbra a comer manzana dulce con miel, y se dice: «Que sea renovado sobre nosotros un año dulce» (Abudraham). Y se comen granadas, y se dice: «Que sean aumentados nuestros méritos como la granada». Y se acostumbra a comer grosura de carne y todo tipo de dulces. Se come cabeza de ovino, y se dice: «Que seamos por cabeza y no por cola», en memoria del carnero de Isaac. Y se hace hincapié en no comer nueces, porque el valor numérico de nuez *–egoz–* es el mismo que el de la palabra *jet,* que significa pecado (*Shulján Aruj Oraj Jaim* 582:1–2).

Y si no se tiene cabeza de cordero, se come de otro animal o de ave (*Mishná Berurá*). Y se acostumbra a comer cabeza de pescado.

Éste es el texto completo para las señales:

MANZANA Y MIEL

Sea Tu voluntad delante de Ti, El Eterno, Dios nuestro y Dios de nuestros padres, que renueves para nosotros un año bueno y dulce.

DÁTIL —TAMAR—

Sea Tu voluntad delante de Ti, El Eterno, Dios nuestro y Dios de nuestros padres, que se terminen *–itamu–* nuestros enemigos, y nuestros aborrecedores, y todos los que buscan nuestro mal.

FRIJOLES —RUBIA—

Sea Tu voluntad delante de Ti, El Eterno, Dios nuestro y Dios de nuestros padres, que se multipliquen nuestros méritos y germinen *–utlabebeinu–*.

Puerro −*KARTI*−

Sea Tu voluntad delante de Ti, El Eterno, Dios nuestro y Dios de nuestros padres, que sean tronchados −*iekaretu*− nuestros enemigos, y nuestros aborrecedores, y todos los que buscan nuestro mal.

Remolacha −*SILKA*−

Sea Tu voluntad delante de Ti, El Eterno, Dios nuestro y Dios de nuestros padres, que sean quitados −*iesalku*− nuestros enemigos, y nuestros aborrecedores, y todos los que buscan nuestro mal.

Calabaza −*KERÁ*−

Sea Tu voluntad delante de Ti, El Eterno, Dios nuestro y Dios de nuestros padres, que sea quebrado −*tikara*− el mal decreto de nuestro juicio y que sean llamados −*ikreu*− delante de Ti nuestros méritos.

Granada

Sea Tu voluntad delante de Ti, El Eterno, Dios nuestro y Dios de nuestros padres, que estemos llenos de preceptos como la granada −de semillas−.

Cabeza de pescado

Sea Tu voluntad delante de Ti, El Eterno, Dios nuestro y Dios de nuestros padres, que seamos cabeza y no cola.

Después se come la comida y se acostumbra a leer Salmos para despertar la misericordia del Creador.

El precepto de escuchar el cuerno

A la mañana siguiente, se va a la sinagoga para cumplir el gran precepto de escuchar el cuerno denominado *shofar*.

El principal precepto de Rosh Hashaná es el de escuchar los sonidos del cuerno denominado *shofar*, y por esa causa, a esta santa convocación se la denomina en la Torá: «Día de Teruá». Porque *Teruá* es el nombre de uno de los sonidos que se hacen sonar con el cuerno denominado *shofar*.

Enseñanzas del Talmud

¿De dónde se sabe que se debe hacer sonar el cuerno denominado *shofar* en Rosh Hashaná?

Los sabios enseñaron que se aprende del versículo que manifiesta: «Propagaréis un sonido quebrado del cuerno –*shofar teruá*–» (Levítico 25:9).

Explicación: este versículo se refiere al Jubileo, como está escrito en el versículo anterior: «Y contarás para ti siete semanas de años, siete años siete veces; y los días de las siete semanas de años serán para ti cuarenta y nueve años» (Levítico 25:8). Y a continuación está escrito: «Propagaréis un sonido quebrado del cuerno –*shofar teruá*–, en el séptimo mes, el diez del mes; el Día de las Expiaciones, propagad con el cuerno en toda vuestra tierra» (Levítico 25:9).

Se aprende que en el Día de las Expiaciones, o sea, el Día del Perdón, del año del Jubileo, se hace sonar el cuerno denominado *shofar*, pero aún no hemos visto de dónde se aprende que se hace sonar el shofar en Rosh Hashaná, por eso los sabios preguntaron:

«No se sabe que (se hace sonar el shofar) sino en el año del Jubileo. ¿De dónde (se sabe) que (también) en Rosh Hashaná? Se aprende de lo que está escrito: "en el séptimo mes", porque (lo relacionado con el Día del Perdón) no se aprende de "en el séptimo mes"».

Explicación: el motivo es que en ese mismo versículo ya se dijo: "El Día de las Expiaciones". Y todos saben que el Día del Perdón es en el séptimo mes, como está escrito: «Y a los diez días de este mes séptimo será Día de Expiaciones –Día del Perdón–» (Levítico 23:26). Por eso, los sabios preguntaron a continuación la razón de la inclusión de esa expresión en forma aparentemente innecesaria.

«¿Y por qué dice "en el séptimo mes"? Para enseñar que todos los sonidos de *teruá* del séptimo mes han de ser éste como éste».

Explicación: resulta que lo que fue dicho «en el séptimo mes» se refiere a todos los sonidos de *teruá* que se realizan durante todo ese mes. Y como Rosh Hashaná cae en ese mes, se aprende que también en Rosh Hashaná se hacen sonar los sonidos de *teruá* con un shofar. Con esto queda deducido cómo se cumple lo que se dijo: «En el séptimo mes, el primero del mes será para vosotros Santa Convocación; no haréis ninguna labor de trabajo, será un día de quebranto –*teruá*– para vosotros» (Números 29:1). Es decir, *teruá* es un sonido que se ejecuta con un shofar.

Los sonidos del shofar

Ahora debemos conocer los demás detalles vinculados con ese sonido denominado *teruá* que se ejecuta con el shofar en Rosh Hashaná, porque fue estudiado por tradición que antes y después del sonido de quebranto denominado *teruá,* se hace sonar un sonido simple, es decir, un sonido prolongado, sin entrecortar. Por eso, los sabios preguntaron:

«¿Y de dónde aprendemos que se realiza un sonido simple antes de éste, es decir, antes de *teruá*? Se aprende de lo que está escrito: "Propagaréis –*vehaavarta*– un sonido quebrado –*teruá*– del cuerno –*shofar*–"» (Levítico 25:9).

Explicación: la expresión "propagaréis –*vehaavarta*–", que está escrita antes de "un sonido quebrado –*teruá*– del cuerno –*shofar*–", indica que antes del sonido *teruá* se hace sonar otro sonido que se propaga y no se entrecorta. Es decir, un sonido continuo simple.

A continuación, los sabios preguntaron acerca del sonido posterior, como fue enseñado: «¿Y de dónde se sabe que se realiza un sonido simple después de éste, es decir, después de *teruá*? Se aprende de lo que está escrito: "Propagad –*taaviru*– con el cuerno –*shofar*–"» (Levítico 25:9).

Explicación: la expresión "propagad —*taaviru*—", que está escrita después de "un sonido quebrado —*teruá*— del cuerno —*shofar*—",[3] indica que después del sonido *teruá* se hace sonar otro sonido que se propaga y no se entrecorta.

Los tres sonidos en Rosh Hashaná

Ahora bien, debido a que esto se aprendió de un versículo correspondiente al Día del Perdón del año del Jubileo, se requiere un estudio que afirme que también se aplica en Rosh Hashaná. Por eso, los sabios preguntaron a continuación: «Así pues, no sé sino acerca del Jubileo, ¿de dónde se sabe que también en Rosh Hashaná?».

Explicación: ¿de dónde se sabe que también en Rosh Hashaná el sonido de *teruá* debe ser precedido y sucedido por un sonido simple, como en el año del Jubileo? Y se respondió: «Se aprende de lo que está escrito: "en el séptimo mes". Pues, ¿por qué dice: "en el séptimo mes" (en forma aparentemente innecesaria)? Para enseñar que todos los sonidos de *teruá* del séptimo mes deben ser éste como éste.

Los nueve sonidos del shofar

Ahora bien, también fue enseñado por tradición que en Rosh Hashaná se deben hacer sonar tres veces los tres sonidos mencionados anteriormente. Por eso, los sabios preguntaron: «¿Y de dónde se sabe que son tres grupos de tres (sonidos) cada uno? Se aprende de lo que está escrito (acerca del Día del Perdón del año del Jubileo): "Propagaréis un sonido quebrado —*teruá*— del cuerno —*shofar*—" (Levítico 25:9). Y (está escrito acerca de Rosh Hashaná): "Será para vosotros (día de) descanso, recordatorio de (sonido de) quebranto —*teruá*—» (Levítico 23:24). Y está escrito: «En el séptimo mes, el pri-

---

3. Como está escrito: «Propagaréis un sonido quebrado del cuerno, en el séptimo mes, el diez del mes; el Día de la Expiación propagaréis con el cuerno en toda vuestra tierra» (Levítico 25:9).

mero del mes será para vosotros Santa Convocación; no haréis ninguna labor de trabajo, será un día de quebranto –teruá– para vosotros» (Números 29:1).

Explicación: se observa que sumando lo que se mencionó en el versículo correspondiente al año del Jubileo, más lo que se mencionó en los dos versículos correspondientes a Rosh Hashaná, resulta que fue mencionado tres veces *teruá*. Y como ya hemos visto a partir de lo revelado en los versículos que cada sonido de *teruá* es precedido y sucedido por un sonido simple, he aquí los nueve sonidos que se hacen sonar en Rosh Hashaná.

Pero los sabios no quedaron satisfechos con esta explicación porque aún faltaba probar, a partir de los versículos, de dónde se aprende que lo mencionado acerca del Jubileo también se aplica a Rosh Hashaná, y lo mencionado acerca de Rosh Hashaná también se aplica al Jubileo, siendo como si estuviera escrito tres veces *teruá,* tanto en relación con el Jubileo como en relación con Rosh Hashaná. Por eso preguntaron: «Y ¿de dónde se sabe que lo mencionado sobre esto –Rosh Hashaná– se aplica a esto –el Jubileo–, y lo mencionado sobre esto –el Jubileo– se aplica a esto –Rosh Hashaná–? Se aprende de lo que está escrito: "séptimo", "séptimo", (aplicando la regla de la sentencia equivalente denominada *guezerá shavá*)».

Explicación: fue escrito acerca de Rosh Hashaná la expresión «séptimo», y también esa misma expresión consta acerca del Día del Perdón del año del Jubileo. Y los sabios sabían que hay trece reglas de interpretación de la Torá, siendo una de ellas la regla denominada *Guezerá Shavá. Guezerá Shavá* significa literalmente «sentencia equivalente», y consiste en realizar una deducción por comparación de similitudes. O sea, cuando una palabra es mencionada en dos asuntos diferentes, se aprenden detalles de uno de los asuntos y se aplican al otro asunto en el cual no están indicados esos detalles. Así pues, dedujeron que las dos veces que se mencionó *teruá* acerca de Rosh Hashaná, se aplica también al Jubileo, acerca del cual se mencionó una vez *teruá.* Y lo mencionado sobre el Jubileo se aplica también a Rosh Hashaná. Por lo tanto, quedó esclarecido en forma absoluta lo relacionado con los nueve sonidos que se hacen sonar con el cuerno denominado *shofar* en Rosh Hashaná.

Y los sabios concluyeron: «¿Cómo es esto? Se hacen sonar tres (grupo de sonidos), que son nueve (sonidos)» (Talmud, tratado de *Rosh Hashaná* 33b, 34a).

LOS DETALLES DE LOS SONIDOS

Después de dilucidarse cuántas veces se debe hacer sonar el shofar en Rosh Hashaná, se dilucida lo concerniente a los detalles de los sonidos, tanto el sonido *teruá*, que significa quebranto y sollozo, tal como hemos visto, como así el sonido anterior y posterior a cada *teruá*, que son los sonidos simples que se denominan *tekiá*.

Respecto al sonido de *tekiá* es un sonido simple y continuo. Respecto al sonido de *teruá*, es un sonido quebrantado y de sollozo, tal como se desprende de los versículos. Sin embargo, no se pudo dilucidar si se trata de un sonido entrecortado completamente o con soplidos entrecortados más prolongados. Al sonido completamente entrecortado se lo denominó *teruá* y al sonido con soplidos entrecortados más largos se lo denominó *shevarim*.

Por eso, se contemplaron todas las posibilidades y en el Código Legal fue establecido: ¿cuántos sonidos del shofar debe escuchar la persona en Rosh Hashaná? Nueve. Porque está dicho *teruá* acerca del Jubileo, y acerca de Rosh Hashaná tres veces. Y cada sonido de *teruá* incluye un sonido extendido previo y un sonido extendido posterior. Y se estudió por tradición que todos los sonidos de *teruá* del mes séptimo son un mismo asunto; tanto en Rosh Hashaná como en el Día del Perdón del Jubileo, se hacen sonar nueve sonidos del shofar en cada uno de ellos, según este orden: *Tekiá, teruá, tekiá. Tekiá, teruá, tekiá. Tekiá, teruá, tekiá.*

Respecto al sonido de *teruá* mencionado en la Torá, hay dudas de si se refiere al sonido quebrantado denominado *ielala*, que nosotros llamamos *teruá*, o si es lo que nosotros denominamos *shevarim*, o si son ambos sonidos conjuntamente. Por eso, para salir de toda duda se deben ejecutar estas secuencias de sonidos: *tekiá, shevarim, teruá* y *tekiá* tres veces; *tekiá, shevarim* y *tekiá* tres veces; *tekiá, teruá* y *tekiá* tres veces.

El simbolismo del shofar

Cada sonido que se ejecuta con el shofar tiene fundamentos muy profundos y mensajes aleccionadores importantes, tal como han enseñado los sabios. A continuación observaremos algunos de ellos.

Está escrito: «Haced sonar –*tiku*– el cuerno –*shofar*– en el comienzo de mes, en la fecha señalada, en el día de nuestra festividad, porque es estatuto para Israel, (día de) juicio del Dios de Jacob» (Salmos 81:4–5). La expresión *tiku* es un verbo derivado de la palabra *tekiá*, que es un sonido que se produce con el shofar.

Rabí Berejia explicó que el mes mencionado en el versículo es el mes de Tishrei, o sea, el mes en el que cae Rosh Hashaná, el Día del Juicio; y después enseñó acerca de la declaración: «Haced sonar –*tiku*– el cuerno –*shofar*– en el comienzo de mes –*jodesh*–». La expresión *jodesh* indica renovación. Es decir, «en este mes renovad –*tejadshu*– vuestras acciones».

Lo que está escrito: «shofar» se vincula con la expresión *shipru*, que comparte raíz con *shofar* y significa «embelleced». Es decir, «en este mes, embelleced vuestras acciones». Y de lo mencionado se aprende que El Santo, Bendito Sea, dijo a Israel: «Si embellecéis vuestras acciones, he aquí que Yo seré para vosotros como ese shofar, que así como en ese shofar (la persona que lo hace sonar sopla y) entra aire –por un orificio– y sale –por el otro orificio–, así Yo (haré que todas las acusaciones traídas por los acusadores y que entran por aquí salgan por allí, y) me levantaré del Trono del Juicio, y me sentaré en el Trono de Misericordia, e invertiré para vosotros el atributo del juicio en atributo de misericordia». ¿Cuándo? «En el mes séptimo» (Levítico 23:24).[4] (*Midrash Raba Vaikrá* 29:6).

Las enseñanzas del shofar

Además, fue enseñado en lo que está escrito: «Porque este precepto que yo te ordeno hoy no está oculto de ti y no está lejos. No está en el Cie-

---

4. Como está escrito: «El Eterno habló a Moisés, diciendo: "Habla a los hijos de Israel, diciendo: en el mes séptimo, el primero del mes será para vosotros (día de) descanso, recordatorio de (sonido de) quebranto, una santa convocación"» (Levítico 23:24).

lo y digas: "¿Quién subirá por nosotros al Cielo y lo tomará para nosotros, para que lo oigamos y realicemos?". Y no está del otro lado del mar y digas: "¿Quién pasará para nosotros al otro lado del mar y lo tomará para nosotros, para que lo oigamos y realicemos?". Porque el asunto –davar– está muy cerca de ti, en tu boca y en tu corazón, para que lo realices» (Deuteronomio 30:11–14).

Respecto a lo que está escrito: «el asunto –davar–» se menciona en el libro *Otiot de Rabí Akiva*: «El asunto –davar–» se refiere a la sanación, como está dicho: «Envió su palabra –davar–, y los sanó» (Salmos 107:20). Y es sabido que el retorno a El Santo, Bendito Sea, con arrepentimiento y rectificación, es sanación para el mundo, como está dicho: «Los sanaré en su retorno» (Oseas 14:5). Y lo principal del retorno que sanará a la persona es lo que hay en la boca y en el corazón conjuntamente. Y a esto se refiere lo que está dicho: «Porque el asunto –davar– está muy cerca de ti». Se refiere a la sanación del retorno con rectificación y arrepentimiento, a través de estar «en tu boca y en tu corazón para que lo realices».

Asimismo, debe considerarse que boca y corazón indican otros asuntos importantes relacionados con lo que se dijo. Porque la palabra boca se escribe en el texto hebreo a través de las letras: *pe* y *he*.

פה

Y corazón se escribe en el texto hebreo a través de las letras: *lamed* y *bet*.

לב

Y escribiendo el nombre completo de esas letras, el valor numérico que se obtiene de las letras de ambas palabras es igual a 586.

Éstos son los nombres completos de las letras:

Pe	=	פה
He	=	הי
Lamed	=	למד
Beit	=	בית

Valores numéricos:

85	=	פה
15	=	הי
74	=	למד
412	=	בית
586		

Y el valor numérico de la palabra *tokef*, que significa plenitud, también es 586.

400	=	ת
6	=	ו
100	=	ק
80	=	ף
586		

Alude al alto grado de la persona a través de la unión de la boca y el corazón conjuntamente. Y por eso el número mencionado es el mismo que el de la expresión «santidad suprema». Porque santidad suprema en hebreo se escribe a través de la locución *kedusha eliona*, cuyo valor numérico es 586. Porque a través de la completitud de la boca y el corazón conjuntamente, la persona merecerá la santidad suprema.

Éste es el valor numérico de *kedusha:*

100	=	ק
4	=	ד
6	=	ו
300	=	ש
5	=	ה
415		

Éste es el valor numérico de *eliona:*

70	=	ע
30	=	ל
10	=	י
6	=	ו
50	=	נ
5	=	ה
171		

Sumamos los valores parciales y resulta:

$$415 + 171 = 586$$

Asimismo, el valor completo de las letras de las palabras boca y corazón tienen en hebreo el mismo valor numérico de shofar, cuyo valor numérico es 586.

Éste es el valor numérico de shofar:

$$300 \quad = \quad \text{שׁ}$$
$$6 \quad = \quad \text{ו}$$
$$80 \quad = \quad \text{פ}$$
$$\underline{200 \quad = \quad \text{ר}}$$
$$586$$

Se alude al despertar del retorno a través de la rectificación y el arrepentimiento indicados en el shofar. Tal como enseñaron nuestros maestros, de bendita memoria: «Shofar: embelleced –*shipru*– vuestras acciones» (*Midrash Raba Vaikrá* 29:6). Por lo tanto, el retorno debe ser completo, con la boca y con el corazón conjuntamente, y no solamente con la boca. Y es sabido que todo lo relacionado con el shofar alude al retorno. Por eso, nuestros maestros, de bendita memoria, dijeron que es un precepto que el shofar sea de cuerno de carnero.[5] Y se explicó que alude a que se debe retornar mientras se está en plenitud –con fuerzas, y no esperar al tiempo de la decadencia–, y por eso el valor numérico de shofar es el mismo que el de plenitud –*tokef*–. Y también, lo que se dijo acerca del shofar, que debe ser curvo, alude a los poseedores –de la actitud– del retorno, cuyo corazón ha de estar encorvado y sumiso.

Ahora bien, respecto al orden de los sonidos que se hacen sonar al comienzo: un sonido simple continuo –*tekiá*–, un sonido de quebranto –*shevarim*–, un sonido de quebranto intenso –*teruá*– y un sonido simple continuo –*tekiá*–, se realizan en ese orden porque el sonido simple continuo –*tekiá*– alude a la alegría y al bien; y el sonido quebrantado extendido –*shevarim*– y el sonido totalmente quebrantado –*teruá*– aluden al sufrimiento y a las aflicciones. Y por eso no se hacen sonar un

---

5. Como fue enseñado: «Todo shofar es apto para hacer sonar en *Rosh Hashaná*, excepto el de vacuno, porque es considerado un Karen y no un shofar» (Mishná, tratado de *Rosh Hashaná* 3:2), ya que el cuerno de carnero es curvo (Talmud).

sonido simple continuo —*tekiá*— y un sonido de quebranto —*shevarim*— en forma continuada y con una sola respiración, tal como se mencionó en el libro de *Lebush*. Porque este sonido alude a la alegría, y éste otro, a lo opuesto, y no hay que mezclarlos conjuntamente.

Y se conoce el suceso que ocurrió con aquel que hizo un anillo y escribió sobre él: «También esto pasará». Y si se encontraba en aflicción, lo veía y se consolaba. Y si se encontraba con bien, lo veía y no se envanecía en su bien y en su dicha, porque pensaba que también esto pasará, y no es algo que se mantendrá continuamente. Y así aquí, después del sonido simple —*tekiá*—, que alude al bien y a la alegría, se hace sonar un sonido de quebranto —*shevarim*—, que alude al sufrimiento y a las aflicciones, indicando a modo de insinuación que la persona no se enorgullezca por su bien y no se envanezca en su corazón, porque debe considerar que después de la alegría vendrá el padecimiento. Y después del sonido de quebranto, se hace sonar otra vez un sonido simple —*tekiá*—, que alude al bien, para indicar a modo de alusión que si está en medio de una aflicción, no deje de confiar en la misericordia, sino que debe pensar que finalmente el honor vendrá, y verá días de bien y de alegría. Asimismo, la *tekiá,* que alude al bien, es prolongada, soplándose de una vez, indicando a modo de insinuación que el bien vendrá sin escalas, en forma directa y continua, pero *shevarim* son soplidos breves, indicando a modo de insinuación que el sufrimiento vendrá en forma discontinua, poco a poco, tal como fue enseñado acerca del versículo que manifiesta: «El Eterno será refugio del afligido; refugio para los momentos de angustia» (Salmos 9:10). Porque un momento grande de aflicción se dividirá en varios momentos pequeños para que la persona lo pueda soportar sin llegar a morir.

Y la forma del shofar, que indica a modo de alusión el despertar del retorno —a El Santo, Bendito Sea—, tiene un lado ancho y el otro angosto. Y la persona debe hacer sonar el shofar por el lado angosto. Resulta que el lugar de aferrar el shofar se extiende progresivamente, indicando a modo de insinuación que los poseedores —de actitud— del retorno necesitan aumentar progresivamente en el servicio al Creador, tal como enseñaron nuestros maestros de bendita memoria: los sabios estudiosos de la Torá, durante todo el tiempo que envejecen, incrementan sus conocimientos. Y también se indica a modo de insinuación en la forma del shofar que un lado es angosto y el otro lado ancho, y se lo hace sonar por el lado angosto, que la letra correspondiente al retorno, que es la letra hebrea *he,* tiene dos puertas, una ancha –en su parte inferior– y la otra angosta –en el extremo superior izquierdo–, y los poseedores –de actitud– del retorno deben entrar por la puerta angosta, porque de ese modo les será más fácil, tal como se mencionó en el Talmud (tratado de *Menajot* 29b).

Ésta es la forma de la letra *he:*

ה

Asimismo, se indica a modo de insinuación en la forma del shofar que un lado es angosto, por debajo, y el otro ancho, por arriba, que el poseedor –de actitud– del retorno, con respecto a los asuntos de lo bajo, que son los que corresponden con el placer en este mundo, debe disminuir y escatimar en ellos; pero respecto a los asuntos correspondientes a lo Alto, que son los asuntos espirituales, debe comportarse con ellos con amplitud y aumentando (I *Ben Ish Jai:* sección Nitzavim).

El almuerzo

Como vemos, el shofar contiene muchos secretos profundos y aleccionadores, y por eso las personas se despiertan en su retorno al Creador a través de escuchar el sonido del shofar y meditar en éste.

Después de escuchar los sonidos del shofar, y después de leer la Torá, se recita la plegaria adicional denominada Musaf, y después se come el almuerzo. Se recita la santificación del día sobre un vaso de vino, se purifican las manos para comer pan y se comienza la comida. Pero hay que considerar que en Rosh Hashaná no se debe comer nada agrio, ni tampoco ninguna comida preparada con algo agrio. Y, asimismo, la persona debe ser cuidadosa en no comer frutas agrias, ya sean granadas, uvas o peras. Y en el libro *Maté Efraín* está escrito que lo mismo se aplica a las frutas que no están totalmente maduras, que no deben comerse en Rosh Hashaná. Y es una costumbre muy buena comer carne de grosuras y diferentes tipos de dulces para buena señal, pero no se debe abusar hasta llenar todo el estómago con ellos. Y se han de beber bebidas agradables, tal como está escrito: «Id, comed grosuras y bebed bebida dulce, y enviad porciones a los que no tienen preparado, porque es día santo para nuestro Señor; y no os entristezcáis, porque vuestra fortaleza –con que os fortificáis– es alegría para El Eterno"» (Nehemías 8:10). Pues este versículo fue dicho acerca de Rosh Hashaná, como es sabido (I *Ben Ish Jai*: sección *Nitzavim*).

Por la tarde se recita la plegaria vespertina y por la noche se realiza la ceremonia de separación del día Santo de los demás días de la semana a través de *avdalá*.

VI

EL DÍA DEL PERDÓN

La Santa Convocación que viene después de Rosh Hashaná es el Día del Perdón, como está escrito: «Y será para vosotros por decreto perpetuo, en el mes séptimo, el día diez del mes; afligiréis vuestras almas y no realzaréis ninguna labor, el nativo y el prosélito que residiere entre vosotros. Porque en este día procurará expiación para vosotros, para purificaros; de todos vuestros pecados ante El Eterno seréis purificados. Reposo –Shabat– completo será para vosotros, y afligiréis vuestras almas por estatuto perpetuo» (Levítico 16:29–31).

Asimismo, está escrito: «El Eterno habló a Moisés, diciendo: "Y a los diez días de este mes séptimo será Día de Expiaciones –Yom Hakipurim–; habrá una Santa Convocación para vosotros y afligiréis vuestras almas, y ofrendaréis una ofrenda ígnea a El Eterno. Y no haréis ninguna labor en ese día, porque es el Día de las Expiaciones para expiar sobre vosotros ante El Eterno, vuestro Dios. He aquí que toda persona que en ese día no se aflija será tronchada de su pueblo. Y haré que toda persona que hiciere alguna labor en ese día se pierda de entre su pueblo. No haréis ninguna labor; es un decreto perpetuo por vuestras generaciones, en todos vuestros lugares de residencia. Reposo –Shabat– completo será para vosotros, y afligiréis vuestras almas; el nueve del mes al atardecer, desde el atardecer hasta el atardecer (siguiente), haréis el reposo de vuestro reposo"» (Levítico 23:26–32).

Y también está escrito: «Y el diez de este mes séptimo será de Santa Convocación para vosotros, y afligiréis vuestras almas, y no haréis ninguna labor» (Números 29:7).

Se aprecia que está escrito cinco veces «afligiréis vuestras almas» acerca del Día del Perdón. ¿A qué se refiere? Los sabios explicaron que se refiere a cinco tipos de aflicciones, como fue enseñado: «El Día del Perdón está prohibido comer y beber, bañarse, untarse –con aceite–, calzar sandalias –o sea, calzado de cuero– y utilizar la cama –es decir, relaciones maritales–» (*Mishná*, tratado de *Yomá* 8:1).

LOS PREPARATIVOS DEL AYUNO

Resulta que el Día del Perdón es un día de abstención de alimento, tanto de comida como de bebida. Por eso, los preparativos comienzan aún antes del Día del Perdón, como fue enseñado: «Es un precepto comer en la víspera del Día del Perdón y aumentar en la comida» (Talmud, tratado de *Berajot* 8b; *Shujan Aruj Oraj Jaim* 604:1). Y esto se aprende de lo que está escrito: «Reposo –Shabat– completo será para vosotros, y afligiréis vuestras almas; el nueve del mes al atardecer, desde el atardecer hasta el atardecer (siguiente), haréis el reposo de vuestro reposo» (Levítico 23:32). Porque debería estar escrito: «El nueve del mes al atardecer afligiréis vuestras almas, hasta el atardecer [...]». Y dado que está escrito: «...y afligiréis vuestras almas; el nueve del mes al atardecer [...]», se entiende que se ha de ayunar en el 9, cuando en realidad el Día del Perdón no es sino el 10 del mes. ¿Cómo se explica?

Los sabios, de bendita memoria, recibieron por tradición que es un precepto de la Torá comer en la víspera del Día del Perdón, y El Santo, Bendito Sea, les quiso otorgar recompensa por esa comida como si ayunaran. Ya que no se asemeja un precepto que se cumple con sufrimiento a un precepto que se cumple sin sufrimiento, tal como se dijo: «según el sufrimiento es la recompensa» (*Mishná*, tratado de *Avot* 5:23). Y si se hubiera escrito: «En el nueve del mes comeréis [...]», no tendríamos recompensa como si cumpliéramos el precepto a través de la comida, y por eso, en el versículo se cambió el lenguaje y se escribió que es un precepto comer, con un lenguaje de aflicción, para que sea considerada esa comida ante El Santo, Bendito Sea, como si se ayunara, para otorgar recompensa como quien cumple el precepto con sufrimiento y aflicción *(Mishná Berurá)*.

El pan especial

Respecto al pan que se come en la comida previa al ayuno, es un pan especial, pues fue enseñado que la elevación espiritual que se alcanza en el Día del Perdón es muy grande, ya que los pecados de la persona son perdonados, y el nivel de pureza que se alcanza es extraordinario, y por eso, somos considerados similares a los ángeles celestiales.

Por eso, en el Día del Perdón se realizan muchas cosas que aluden a esa elevación y a la semejanza de la persona con los ángeles celestiales en ese día. Y una de ellas es que en la comida previa al ayuno del Día del Perdón, se suele comer pan con una forma especial que alude a los ángeles, pues el pan que se prepara para esa comida es elaborado con una masa a la que además de colocarle los componentes básicos, se le agrega pasas de uva y otras frutas para que sea más dulce en honor del día. Y para elaborar la forma del pan, se toma un trozo de la masa y se le da una forma redondeada. Entonces, se coloca ese trozo en el centro y otros seis trozos junto a éste, alrededor, también redondeados.

Esa forma del pan se parece a un cuerpo con seis alas, que alude a los ángeles supremos, ya que en lo Alto hay ángeles que tienen seis alas, como está escrito: «En el año de la muerte del rey Uzías, vi a El Señor sentado sobre un Trono excelso y sublime, y los bordes de su manto llenaban el Templo. Por encima de él había serafines, y cada uno de éstos tenía seis alas; con dos cubrían sus rostros, con dos cubrían sus piernas y con dos volaban» (Isaías 6:1-2).

El pescado de la víspera

Los sabios, de bendita memoria, enseñaron que es un precepto comer pescado en la víspera del Día del Perdón, por la mañana –o al mediodía—, tal como se menciona en el Midrash:[1] Dijo Rabí Tanjuma: en la ciudad de Romi había un sastre que fue a adquirir un pescado en la víspera del Gran Ayuno del Día del Perdón. Y en el mercado, él y el sirviente de un mandatario se disputaban el único pescado que había. Y éste ofrecía más dinero, y éste seguía ofreciendo más dinero, hasta que alcanzó un valor de doce monedas dinar. Y finalmente el sastre lo compró.

En el momento de la comida, el mandatario dijo a su sirviente:

—¿Por qué no me has traído pescado?

Le dijo:

—Mi señor, ¿qué puedo ocultarte? Fui al mercado y había un solo pescado, y yo y un judío disputamos el pescado, y él ofreció más dinero, y yo ofrecí más dinero, hasta que alcanzó un valor de doce monedas dinar. ¿Acaso estabas de acuerdo en que te adquiriera un pescado por doce monedas dinar?

El ministro le dijo:

—¿Quién es (el que lo compró)?

Le dijo:

—Un tal fulano.

El mandatario envió por él, y fue. Entonces el mandatario le dijo:

—Sastre judío, ¿qué has visto para comerte un pescado por doce monedas dinar?

El sastre le dijo:

—Mi señor, tenemos un día en el que todas las faltas que cometemos durante todos los días del año nos son perdonadas. Y cuando ese día llega, ¿no debemos honrarlo, comiendo bien para poder realizar el ayuno?

El mandatario le dijo:

—Dado que has presentado una prueba a tus palabras, estás libre (de sospecha de poseer bienes no declarados al Gobierno).

El Santo, Bendito Sea, ¿con qué le recompensó? Cuando fue a su casa y abrió el pescado, hizo que hallara en el interior una piedra preciosa, y gracias a ella tuvo sustento todos sus días (*Midrash Bereshit Raba* 11:5).

---

1. Ben Ish Jai: sección *Vaialej*.

LA RECONCILIACIÓN

Otra acción importante que se realiza en la víspera del Día del Perdón es la de consolar a las personas con las cuales hubiera algún tipo de discordia, tal como fue enseñado: «Los pecados entre una persona y su prójimo, el Día del Perdón no expía por ellos, hasta que se consuele. E incluso si no lo hizo sufrir sino con palabras, debe consolarlo» (Shujan Aruj Oraj Jaim 606:1). Y la razón por la que debe consolarlo incluso si no lo hizo sufrir sino con palabras es porque también a través de eso transgredió la prohibición de no hacer sufrir con palabras.[2] Y he aquí, aunque en los demás días del año está obligado a consolar a aquel contra el cual transgredió, de todos modos, si no tiene tiempo, aguarda a otro día para consolarlo; pero en la víspera del Día del Perdón debe rectificar todo para purificarse de todos los pecados, como está escrito: «Porque en este día procurará expiación para vosotros, para purificaros; de todos vuestros [...]» (Levítico 16:30). Y más aún si tiene en su poder algo producto de robo, o estafa, o cualquier cosa vinculada con el dinero, debe procurar rectificarlo, porque ése es el gran acusador de la persona, tal como dijeron los sabios, de bendita memoria: «Una medida *seá* llena de pecados, ¿quién acusa? El robo acusa a la cabeza» *(Mishná Berurá)*.

UNA VESTIMENTA ESPECIAL

Los dos pasos mencionados, comer bien en la víspera del Día del Perdón y consolar a las personas con las cuales pudiera existir algún tipo de discordia, son muy importantes para entrar correctamente preparados al Día del Perdón.

Después de la última comida antes del ayuno, llamada la comida de interrupción *–seudat hamafseket–*, se preparan para ir a la sinagoga. En

---

2. Y ése es un precepto fundamental, como está escrito: «Y no afligirá un hombre a su prójimo, y temerás a tu Dios, pues Yo soy El Eterno, vuestro Dios» (Levítico 25:17). Y fue enseñado: «Hacer sufrir a las personas con palabras es más grave que hacerlas sufrir con dinero [...]» (Talmud, tratado de *Baba Metzia* 58b). Y el sabio Hilel enseñó: «No hagas a tu prójimo lo que aborreces que te hagan a ti; ésa es toda la Torá, lo demás son explicaciones» (Talmud, tratado de *Shabat* 31a).

muchas comunidades, se acostumbra a que los hombres vistan una prenda blanca que recuerda a la apariencia de los ángeles.

Esa prenda de vestir se denomina *kitel* y tiene un aspecto similar al de una mortaja. Es el mismo tipo de vestimenta que se les coloca a los muertos antes de su entierro, y al vestirse con ella en el Día del Perdón, se recuerda a la muerte. Eso induce a la persona a reflexionar, y que su corazón se quebrante, y se arrepienta de sus faltas (véase *Lebush* 610:4).

En la sinagoga se abre el arca, se saca la Torá y se comienza con la plegaria denominada *Kol Nidré,* y después se sigue con las oraciones del Día del Perdón. Es un día dedicado completamente a la espiritualidad, a la reflexión, a la introspección y a la purificación.

Una alabanza suprema

En la plegaria tiene lugar otra de las cosas que se realizan en el Día del Perdón semejantes a los ángeles celestiales, pues se pronuncia en voz alta la declaración: «Bendito sea el Nombre de la Gloria de Su reinado por siempre jamás».

Esta declaración fue incluida en medio del primer párrafo de la oración denominada «Oye, Israel –*Shemá Israel*–», ya que, tal como consta en el Pentateuco, esta oración debe recitarse todos los días, como está escrito: «Oye, Israel, El Eterno es nuestro Dios, El Eterno es Uno. Amarás a El Eterno, tu Dios, con todo tu corazón, con toda tu alma y con todo lo que tienes. Y estas palabras que Yo te ordeno hoy estarán sobre tu corazón. Las enseñarás a tus hijos y hablarás de ellas cuando estés sentado en tu casa, y cuando andes por el camino, y cuando te acuestes, y cuando te levantes […]» (Deuteronomio 6:4–8).

Se observa que es un precepto de la Torá recitar esa oración por la mañana y por la noche, o sea, cuando te acuestes y cuando te levantes. Y los sabios enseñaron que después de pronunciarse el primer versículo: «Oye, Israel, El Eterno es nuestro Dios, El Eterno es uno», se agregue la declaración: «Bendito sea el Nombre de la Gloria de Su reinado por siempre jamás» (Talmud, tratado de *Pesajim* 56). Y después se sigue con los versículos siguientes de la oración: «Amarás a El Eterno, tu Dios, con todo tu corazón […]». Y posteriormente se recitan otros dos fragmentos bíblicos, el que se encuentra en Deuteronomio (11:13 a 21) y el que se concluye con los versículos del libro de Números (15:37 a 41).

La razón de la inclusión del texto que se intercala en medio de los versículos se debe a un suceso ocurrido con el patriarca Jacob, que se llamaba también Israel, ya que cuando éste reunió a todos sus hijos antes de su muerte en la tierra de Egipto, les ordenó lo concerniente a la declaración de la unicidad de El Eterno y la fidelidad en ese asunto, tal como habían hecho sus ancestros, los patriarcas Abraham e Isaac.

Jacob preguntó a sus hijos:

—¿Hay en alguno de vosotros falta de integridad?

A través de esas palabras les preguntó:

—¿Hay entre vosotros un varón o una mujer, una familia o tribu, cuyo corazón se desvía el día de hoy de El Eterno nuestro Dios para ir a servir a los dioses de las naciones? (Deuteronomio 29:17).

Al oír esa pregunta, todos sus hijos respondieron al mismo tiempo:

—Oye, Israel, El Eterno es nuestro Dios, El Eterno es uno.

A través de esa afirmación, le dijeron a su padre Israel:

—Oye, padre nuestro, Israel, El Eterno es nuestro Dios, El Eterno es uno.

Al oír esa respuesta, Jacob dijo:

—Bendito sea el Nombre de la Gloria de Su reinado por siempre jamás.

Por eso, los descendientes de Jacob, el pueblo de Israel, acostumbran a recitar esta alabanza que fue pronunciada por el patriarca Jacob, a continuación del versículo: «Oye, Israel, El Eterno es nuestro Dios, El Eterno es uno» (Maimónides: leyes de recitado del Shemá; Talmud, tratado de *Pesajim* 66b).

Ahora bien, aunque esa alabanza era conocida en el pasado por nuestros ancestros, tal como hemos dicho, Moisés enseñó al pueblo a pronunciarla en voz baja, en silencio. Porque cuando los hijos de Israel salieron de Egipto, Moisés condujo al pueblo en dirección al desierto, tal como Dios le ordenó, como está escrito: «Y aconteció que cuando el Faraón envió al pueblo, Dios no lo condujo por el camino de la tierra de los filisteos, que estaba cerca; porque dijo Dios: "Tal vez el pueblo cambie de opinión cuando vea guerra, y se vuelva a Egipto". Y Dios hizo que el pueblo rodease por el camino del desierto [...]» (Éxodo 13:17–18). Y cuando llegaron al desierto del Sinaí, donde estaba la Montaña del Sinaí, Moisés ascendió a las Alturas celestiales para recibir la Torá. Y oyó a los ángeles alabar a El Eterno pronunciando la declaración: «Bendito sea el Nombre de la Gloria de Su reinado por siempre jamás». Y Moisés quitó a los ángeles esa alabanza. Por eso, cuando descendió, enseñó al pueblo a pronunciarla en silencio, para que los ángeles no se enojaran con el pueblo de Israel. Pero como en el Día del Perdón somos como ángeles, pronunciamos la alabanza: «Bendito sea el Nombre de la Gloria de Su reinado por siempre jamás», en voz alta, igual que ellos (*Tur Oraj Jaim* 619).

Las plegarias y alabanzas que se recitan y cantan con mucha devoción ocupan gran parte del día. Asimismo, se lee la Torá, siendo llamados seis hombres para recitar las bendiciones de la Torá en la plegaria matutina. También se lee la Torá por la tarde. Y cuando termina el Día del Perdón, se realiza la ceremonia de separación del día sagrado de los demás días de la semana sobre un vaso de vino –*avdalá*–, y después se come la cena posterior al ayuno.

VII

LA FESTIVIDAD DE SUCOT

La Santa Convocación que viene después del Día del Perdón es la festividad de Sucot, que es la festividad de las Cabañas, como está escrito: «El Eterno habló a Moisés, diciendo: "Habla a los hijos de Israel y diles: el día quince del mes séptimo es la festividad de las Cabañas, siete días, para El Eterno"» (Levítico 23:33–34).

El motivo de esta festividad es para conmemorar las cabañas en las que nos hizo habitar El Eterno cuando nos sacó de Egipto, como está escrito: «Residiréis en cabañas siete días, todo habitante de Israel residirá en cabañas, para que sepan vuestras generaciones que hice residir en cabañas a los hijos de Israel cuando los saqué de la tierra de Egipto; Yo El Eterno, vuestro Dios» (Levítico 23:42–43).

Por esta razón, tal como lo indican los versículos, antes del comienzo de esta festividad, se construyen cabañas para habitar en ellas durante una semana.

Respecto a la cabaña, fue enseñado que durante la totalidad de los siete días de la festividad de las Cabañas, la persona convierte a su cabaña en fija y a su casa en transitoria (*Mishná*, tratado de *Sucá* 2:9). Es decir, lo principal de su habitar ha de estar en la cabaña. ¿Cómo es eso? Si tiene bellos utensilios, los lleva a la cabaña; si tiene camas lindas, las coloca en la cabaña. Come, bebe, y pasea en la cabaña, y estudia en la cabaña (Talmud).

LAS CUATRO ESPECIES

Asimismo, en la festividad de Sucot, es un precepto tomar las cuatro especies, como está escrito: «En el día quince del mes séptimo, cuando recojáis la cosecha de la tierra, celebraréis la festividad de El Eterno durante siete días; el primer día será de reposo y el octavo día será de reposo. Y el primer día tomaréis para vosotros un fruto de árbol magnífico –*etrog*–, palmas de palmeras datileras, ramas de árbol trenzado y sauces de arroyo; y os alegraréis ante El Eterno, vuestro Dios, siete días» (Levítico 23: 39–40).

De las palabras mencionadas por los versículos se observa que en la festividad de Sucot se deben tomar cuatro especies. Éstas son:

Palmas de palmera datilera, llamadas en hebreo *lulav,* que son las palmas de la palmera cuando brotan, antes de que se separen las hojas hacia uno y otro lado, es decir, cuando se asemeja a un cetro.

Un fruto de árbol magnífico se refiere al cidro, que en hebreo se llama *etrog.* Y es un árbol magnífico, pues el sabor del fruto y el tronco son iguales, y el fruto permanece en el árbol de año en año sin estropearse.

Ramas de árbol trenzado es el mirto, llamado en hebreo *adás,* cuyas hojas cubren el tallo.

Sauces de arroyo, llamados en hebreo *arabá,* sus hojas son prolongadas como el arroyo, siendo su extremo liso y su tallo de tonalidad roja. Y la mayoría de esta especie crece junto a los arroyos, por eso se dijo «sauces de arroyo».

Estas cuatro especies constituyen un solo precepto, y en conjunto reciben el nombre de precepto del Lulav (Maimónides, leyes de *Sucá* 7:1–5).

UN DETALLE DE LAS CUATRO ESPECIES

El *etrog* tiene una forma parecida a un corazón. Al cumplir con él el precepto de tomarlo en la festividad de Sucot, actúa como medio expiatorio de los pecados cometidos a través de pensamientos salidos de nuestro corazón.

El mirto tiene las hojas similares a ojos. Al cumplir con él el precepto de tomarlo en la festividad de Sucot, actúa como medio expiatorio de los pecados cometidos a través de nuestros ojos. Como está escrito: «No os desviéis detrás de vuestros corazones y detrás de vuestros ojos» (Números 15:39).

Las hojas de sauce se parecen a los labios. Al cumplir con él el precepto de tomarlo en la festividad de Sucot, actúa como medio expiatorio de los pecados cometidos a través de nuestros labios, que pronunciaron palabras inadecuadas.

El lulav tiene un solo corazón. Así también Israel tiene un único corazón, dirigido sólo hacia el Padre Celestial (véase *Taamei Haminaguim* 791).

Dos preceptos adicionales

Los dos preceptos mencionados, la cabaña y el de las cuatro especies, constan explícitamente en el Pentateuco. Pero también hay otros dos preceptos que se recibieron por tradición, aunque hay sabios que sostienen que estos preceptos también constan en el Pentateuco.

Estos dos preceptos son:

Erigir el sauce –*arabá*– a los flancos del Altar en el Templo Sagrado.
Verter el agua en los hoyos que llegan hasta el abismo en el Templo Sagrado.

Respecto al precepto de erigir el sauce, Aba Shaul lo dedujo a partir de lo que está escrito: «sauces de arroyo», porque al estar este término en plural, enseña acerca de dos sauces: uno para el *lulav* –en referencia al que se toma con las cuatro especies–, y otro para erigir a los flancos del altar (*Tosefta* 3: 1; Talmud, tratado de *Sucá* 34a).

Respecto al precepto del vertido del agua, Rabí Akiva lo dedujo a partir de lo que está escrito: «El día quince del séptimo mes será para vosotros Santa Convocación; no haréis ninguna labor de trabajo, y celebraréis festividad a El Eterno por siete días. Ofrendaréis ofrenda ígnea en aroma grato para El Eterno [...]. Un macho cabrío por sacrificio expiatorio; además de la ofrenda ígnea continua, su ofrenda vegetal y sus libaciones» (Números 29:12–31). La expresión «y sus libaciones» está escrita en plural, y se aprende que son al menos dos. Una es la libación del agua, y la otra, la del vino, (porque todo el año se vertía en los hoyos del Templo Sagrado vino, pero en Sucot, vino y agua) (*Mishná*, tratado de *Sucá* 4:8–9).

EL PRECEPTO DE ERIGIR EL SAUCE

Los sabios enseñaron cómo se cumplía el precepto del sauce: en la parte inferior de Jerusalén había un lugar llamado Motzá. Cada uno de los días de la festividad de las Cabañas –Sucot–, descendían allí y cortaban ramas de sauce. Las traían y las colocaban a los lados del altar, con sus extremos encorvados sobre el mismo. Estas ramas tenían una altura de once codos, y por eso sus extremos se inclinaban un codo sobre el altar.

Posteriormente hacían sonar con el cuerno denominado *shofar* los sonidos de *tekiá, teruá, tekiá,* en el momento en que traían las ramas y las ordenaban a los lados del altar, y también por la alegría.

Cada día circundaban el altar una vez y decían: «¡Te imploramos, El Eterno, sálvanos ya!». «¡Te imploramos, El Eterno, concédenos la victoria ya!».

Rabí Yehuda afirmó que ellos decían: «¡*Ani Vahó*, sálvanos ya!». Es decir, no decían: «¡Te imploramos, El Eterno, sálvanos ya!», sino «¡*Ani Vahó*, sálvanos ya!». Y esta expresión –en el texto original hebreo– tiene el mismo valor numérico que «¡Te imploramos, El Eterno, sálvanos ya!».

LOS 72 NOMBRES

Las palabras –*Ani Vahó*– corresponden a los 72 nombres de El Eterno indicados en los tres versículos que están escritos mediante 72 letras y se encuentran uno próximo al otro en el libro de Éxodo.

Éstos son los versículos:

«Y se desplazó el ángel de Dios que iba delante del campamento de Israel, y fue tras ellos; y la columna de nube que iba delante de ellos se desplazó y se ubicó tras ellos» (Éxodo 14:19).

«Y vino entre el campamento de Egipto y el campamento de Israel, y fue nube y oscuridad –para los egipcios–, y alumbraba la noche –para los hijos de Israel–, y no se acercaron éste a éste en toda esa noche» (Éxodo 14:20).

«Y Moisés extendió su mano sobre el mar y El Eterno hizo que el mar se desplazara con un fuerte viento oriental durante toda la noche, y puso en el mar sequedad, y las aguas se partieron» (Éxodo 14:21).

En el texto original hebreo, cada uno de esos tres versículos posee 72 letras. Y cada una de las palabras que se forma tras asociar la primera letra del primer versículo, más la última letra del versículo central, más la primera letra del último versículo, corresponde a uno de los nombres de El Eterno.[1]

Si aplicamos este sistema a las letras subsiguientes de estos tres versículos, combinándolas del mismo modo, obtendremos un total de 72 nombres, siendo el primero «*Vahó*» y el trigésimo séptimo nombre es «*Ani*».

En el caso en que se ordenen dos disposiciones de estos nombres, es decir, dos órdenes de 36 nombres, cada uno sobre el total de los 72, se obtendrá el nombre «Ani», quedando primero en la segunda disposición. Resulta que estos dos nombres, «Ani Vahó», son los primeros de las dos disposiciones (Rashi) (Véase *Las claves de la numerología cabalística*, cap. IX).

EL VERTIDO DEL AGUA

Respecto al vertido del agua se preguntó: ¿por qué se dijo en la Torá que viertan agua en la festividad?

---

1. Véase la explicación completa de este asunto en *Las claves de la numerología cabalística*, cap. IX, Ediciones Obelisco, Barcelona, 2011.

Porque la festividad de Sucot marca el inicio del tiempo propicio para el descenso de las lluvias, tal como fue estudiado en la *Mishná*: «En la festividad somos juzgados por las aguas» (*Mishná*, tratado de *Rosh Hashaná* 1:2). De aquí se entiende que Dios nos está diciendo: «Viertan delante de Mí agua en la festividad para que sean bendecidas para vosotros las lluvias del año».

Los siete días de la festividad de las Cabañas vertían agua sobre el altar por la mañana, cuando se ofrecía la ofrenda ígnea continua, pues esta ofrenda se ofrecía todos los días, como está escrito: «El Eterno habló a Moisés diciendo: "Ordena a los hijos de Israel y diles: Mi ofrenda, Mi alimento para Mis fuegos, Mi aroma grato, cuidaréis de ofrecerme en su tiempo". Y les dirás: "Ésta es la ofrenda de fuego que ofreceréis a El Eterno: corderos en su primer año, íntegros, dos por día, como ofrenda continua ígnea. A un cordero lo haréis por la mañana y al segundo cordero lo haréis al atardecer. Y un décimo de *efá* –medida– de sémola como ofrenda vegetal, mezclado con un cuarto de *hin* –medida– de aceite machacado. La ofrenda continua (será como la) que se hacía en la Montaña del Sinaí, para aroma agradable, ígnea para El Eterno. Y su libación, un cuarto de *hin* –medida– para un cordero, en el (lugar) Santo, vertiéndose una libación de vino añejo para El Eterno. Y al segundo cordero lo harás al atardecer; lo harás como la ofrenda vegetal de la mañana, y conforme a su libación, ígnea en aroma agradable para El Eterno"» (Números 28:1–8). Y en los siete días de la festividad de las Cabañas, cuando se realizaba esta ofrenda, vertían agua sobre el altar por la mañana.

La libación del agua se realizaba de este modo: se llenaba un cántaro de oro con capacidad para tres medidas *log* con las aguas del manantial Shiloaj, que estaba cerca del Templo Sagrado en Jerusalén.

Después de llenar el cántaro, lo llevaban al Templo Sagrado, entrando por el Portal del Agua. Este Portal estaba situado en el extremo sur del Atrio del Templo Sagrado, y tenía ese nombre porque por él introducían el cántaro con agua que traían del manantial Shiloaj para realizar la libación en la festividad de las Cabañas (*Mishná* tratado de *Shekalim* 6:3).

Cuando entraban con el agua, hacían sonar el shofar, ejecutando los sonidos de *tekiá, teruá* y *tekiá* para cumplir con lo que está escrito:

«Y extraerán con júbilo el agua de los manantiales de la salvación» (Isaías 12:3).

El sacerdote que se había adjudicado la tarea subía por la rampa del Altar, que se encontraba al sur del Altar, y giraba a su izquierda, pues las libaciones se realizaban en el extremo sudoeste del Altar, y cuando giraba a su izquierda, ése era el primero.

En la parte superior del Altar, en el extremo sudoeste, había dos recipientes de plata. Uno era para la libación del vino y el otro era para la libación del agua.

Y cada recipiente tenía un saliente con un agujero. Y cuando el sacerdote vertía el líquido en los recipientes, éste descendía por los agujeros sobre la cubierta del Altar. Y en el Altar había un hueco por el cual descendían el vino y el agua a los agujeros denominados *Shitin*, que eran muy profundos.

El agujero del recipiente con el que vertía el vino era ancho y el agujero del recipiente con el que vertía el agua en la festividad era estrecho para que ambos líquidos terminaran de salir a la vez. Porque como el vino es espeso, no pasa por el agujero con rapidez como el agua. Y debido a que comenzaban a verter el vino y el agua simultáneamente, por eso, el agujero del vino era ancho y el agujero del agua era estrecho para que la salida del agua y el vino finalizaran al mismo tiempo (*Mishná*, tratado de *Sucá* 4:9; Rabí Ovadia de Bartenura).

La extracción del agua con alegría

Tal como hemos mencionado, la extracción del agua se realizaba con mucha alegría. A tal punto que se dijo: «Todo aquel que no vio la alegría de la extracción —*beit hashoevá*— no vio alegría en su vida» (*Mishná*, tratado de *Sucá* 5:1). Y en el Talmud de Jerusalén se dijo que de allí absorbían espíritu de santidad. Porque la Presencia Divina se posa sobre la alegría, como está escrito: «Y ahora, traedme un músico (para que me alegre); y mientras el músico tocaba, la mano de El Eterno vino sobre Eliseo» (II Reyes 3:15).

El gran dispositivo

Y se explicó cómo era el dispositivo que se disponía para celebrar la alegría de la extracción de las aguas, como fue enseñado: tras la finalización del primer día de la festividad –de Sucot–, descendían al Atrio de las mujeres, y disponían un gran dispositivo. Había allí candeleros de oro, y cuatro recipientes de oro en la parte superior de éstos, y cuatro escaleras para cada uno de ellos. Y cuatro jóvenes de los florecientes del sacerdocio, que llevaban en sus manos vasijas de aceite con (un volumen de) ciento veinte medidas *log,* y las colocaban en cada uno de los recipientes.[2] Y no había patio en Jerusalén que no fuera iluminado por la luz del lugar de la extracción.[3]

La alegría por la extracción era muy grande, como fue enseñado: los meticulosos –*jasidim*– y los de acciones destacadas bailaban ante los presentes, con antorchas encendidas en sus manos, y pronunciaban delante de ellos palabras de cantos y alabanzas. Y los levitas estaban con sus laúdes, arpas, címbalos, trompetas e innumerables instrumentos musicales sobre los quince escalones que descendían desde el Atrio de Israel hacia el Atrio de las mujeres, en correspondencia con los quince cánticos de las ascensiones[4] del libro de los Salmos, que sobre ellos los levitas estaban de pie con sus instrumentos musicales y cantaban.

Entonces, dos sacerdotes se ponían de pie en el Portal superior,[5] que desciende desde el Atrio de Israel hacia el atrio de las mujeres, con dos trompetas en sus manos. Cuando cantaba el gallo –al amanecer–, hacían sonar los sonidos de *tekiá, teruá* y *tekiá* –en señal de que llegó el momento de ir al manantial Shiloaj para extraer el agua para la libación–.[6] Cuando llegaban al décimo escalón, hacían sonar los sonidos de *tekiá, teruá* y *tekiá*. Cuando llegaban al Atrio, hacían sonar los sonidos de *tekiá, teruá* y *tekiá*.

Ejecutaban los sonidos y caminaban hasta que llegaban al Portal que sale hacia el este. Cuando llegaban, giraban sus rostros hacia el

---

2. *Mishná*, tratado de *Sucá* 5:1
3. *Ibid.* 5:2
4. Se refiere a los Salmos 120 hasta el 134 del libro de los Salmos.
5. Ser refiere al Portal de Nicanor (Maimónides en Leyes de utensilios del Templo Sagrado 7:6).
6. Rabí Ovadia de Bartenura.

oeste, y decían: «Nuestros ancestros que estuvieron en este lugar, sus espaldas estaban hacia el Atrio de El Eterno, y sus rostros hacia el oriente, y se prosternaban hacia el oriente, al Sol; y nosotros dirigimos nuestros ojos a Dios».[7] Rabí Yehuda dijo: repetían y decían: «Nosotros a Dios, y a Dios (dirigimos) nuestros ojos».[8]

LA ALEGRÍA MANIFIESTA

En el Talmud se menciona acerca de la gran alegría con que se vivía la alegría de la extracción de las aguas: dijeron acerca de Hilel el anciano que cuando se regocijaba en la alegría de la extracción, decía:

—Si yo estoy aquí, todo está aquí, y si no estoy aquí, ¿quién está aquí?

También solía decir:

—Al lugar que yo amo, allí mis pies me conducen. (Y dijo El Eterno:) «Si tú vienes a Mi casa, Yo iré a tu casa; si tú no vienes a Mi casa, Yo no iré a tu casa», como está escrito: «En todo lugar en que recordares Mi nombre, vendré hacia ti y te bendeciré» (Éxodo 20:21).

Se dijo acerca de Rabí Shimón ben Gamliel: cuando se regocijaba en la alegría de la extracción, tomaba ocho antorchas con fuego, arrojaba una y atrapaba otra, sin que se tocaran entre sí.

Dijo Rabí Yehoshúa ben Jananiá: cuando nos regocijábamos en la alegría de la extracción, nuestros ojos no percibían el sueño. Porque en la primera hora se ofrecía la Ofrenda Continua de la mañana. De allí nos dirigíamos a recitar la oración. De allí a ofrecer el Sacrificio Adicional. De allí a la plegaria adicional. De allí a la casa de estudio. De allí a comer y beber. De allí a la plegaria vespertina. De allí a la Ofrenda Continua de la tarde. Y de ahí en adelante a la alegría por la extracción.

---

7. Véase Ezequiel 8:16
8. Mishná, tratado de *Sucá* 5:4

La alegría en la actualidad

En la actualidad también se lleva a cabo esa alegría. Y aunque no se extrae el agua del manantial Shiloaj porque el Templo Sagrado no está en pie, aun así, lo concerniente a la alegría sí se realiza. Tal como lo que se mencionó en el Talmud acerca de los sabios, que bailaban, cantaban y se regocijaban en esos días, se hacen grandes reuniones, con cantos, bailes y mucha alegría en cada día de los días intermedios entre el primero y el último día de la festividad de Sucot.

VIII

LA FESTIVIDAD
DE SHEMINÍ ATZERET

Después de los siete días de la festividad de Sucot, se celebra la Santa Convocación denominada *Sheminí Atzeret*, como está escrito: «Siete días ofreceréis ofrenda ígnea a El Eterno; el octavo –*sheminí*– día será Santa Convocación para vosotros, y ofreceréis ofrenda ígnea a El Eterno; es una convocación –*atzeret*–, no haréis ninguna labor de trabajo» (Levítico 23:36).

A continuación veremos detalles importantes de esa Santa Convocación: debido a que fue estipulado que la festividad de Sucot se ha de celebrar durante siete días, y se ha de morar en cabañas durante siete días, cuando terminan esos siete días se debe salir de la cabaña y entrar nuevamente en la casa, pues no se puede agregar a los preceptos ni quitar nada de ellos, como está escrito: «A todo asunto que Yo os ordeno, seréis cuidadosos de cumplirlo; no le añadirás ni le quitarás nada» (Deuteronomio 13:1).

Por tal razón, aunque la persona hubiese terminado de comer en el séptimo día de Sucot, por la mañana, no debe desarmar su cabaña. Pero saca los utensilios de ella a partir del momento de la plegaria vespertina, en adelante –o sea después del mediodía–. Y arregla la casa en honor al último día festivo. Y si no tiene que retirar utensilios (de la cabaña) y desea comer en ella en el octavo día –porque no tiene otro lugar para comer–, debe disminuir (y abrir) un lugar de (el techado de) ella de cuatro (puños) por cuatro (puños) para hacer una distinción, de modo que se note que no se sienta en la cabaña por cumplir el precepto de habitar en una cabaña. Y esto es así para que no se vea como que aumenta (el tiempo establecido de morar en cabañas). Y si necesita comer en el resto del día –incluso después del mediodía–, debe comer en la cabaña, porque es un precepto –morar en ella y comer en su interior– todos los siete días.

Y fuera de la Tierra de Israel debe residir en ella también en el octavo día. Y cuando termina de comer en el octavo día, retira los utensilios y los saca de ella (porque para los que viven fuera de la Tierra de Israel, el octavo día es como el séptimo día para los que viven en la Tierra de Israel).[1] Y si no tiene sitio para quitar los utensilios y desea comer en ella en el noveno día, no puede disminuir de ella, porque es día festivo. ¿Y qué hace para hacer una distinción? Si la cabaña era pequeña, de modo que era prohibido colocar en ella una vela en los demás días, la coloca allí. Y si era grande y era permitido colocar en ella una vela, introduce en ella ollas, y bandejas, y utensilios, para que se note que es inválida y ya terminó el tiempo del precepto de ésta (*Shulján Aruj Oraj Jaim* 666:1).

La cabaña y los adornos

La cabaña y sus adornos están prohibidos también en el octavo día, y fuera de la Tierra de Israel, que se hacen dos días festivos, están prohibidos también en el noveno día, porque hay dudas de si ese día es el octavo día.

---

1. Antes de que se estableciera el calendario hebreo, el Tribunal denominado Sanedrín santificaba el mes según el testimonio de dos testigos aptos que vieron la luna en su renovación. Y respecto a la forma de anunciar la santificación del mes, al comienzo encendían antorchas y las agitaban en las cimas de las montañas para comunicar que se había establecido el principio de mes. Pero un grupo rebelde, los cuteos, arruinaron ese sistema, encendiendo antorchas en otras fechas para confundir a las personas. Y por eso se estableció el envío de mensajeros para comunicar la fecha del fijado del comienzo de mes (Tratado de *Rosh Hashaná* I y II; *mefarshei Hamishná*). Pero había lugares distantes, y existía el temor de que los mensajeros no alcanzaran a llegar a avisar a las personas para que hicieran el día festivo en su tiempo. Por eso, los sabios determinaron que se hiciera otro día festivo, denominado *Sfeka Deioma*, que significa «día por las dudas», y se condujeran en él de acuerdo con las leyes del día festivo. Y ése es el segundo día festivo de la diáspora.

Y si el día que cae cuando termina el último día festivo de Sucot es Shabat, se acostumbra a no valerse de los adornos de la cabaña hasta la finalización del Shabat, aunque hay sabios que son indulgentes al respecto (*Shulján Aruj Oraj Jaim* 667:1).

La plegaria de Sheminí Atzeret

En la noche del octavo día –a partir del comienzo de la festividad de Sucot– se dice en la plegaria: «Y nos ha otorgado el día octavo de esta festividad de *Atzeret*». Y fuera de la Tierra de Israel comen en la cabaña por la noche y por el día, porque hay dudas de si es el séptimo día de Sucot, y no se recita la bendición por sentarse en la cabaña («Bendito eres Tú, El Eterno, Dios nuestro, Rey del universo, que nos ha santificado con sus preceptos, y nos ha ordenado lo concerniente a residir en la cabaña»). Y se realiza la santificación (del día sobre un vaso de vino), y se pronuncia la bendición por el Tiempo («Bendito eres Tú, El Eterno, Dios nuestro, Rey del universo, que me has hecho vivir, y me has conservado, y me has hecho llegar a este momento») (*Shulján Aruj Oraj Jaim* 668:1).

En la plegaria matutina, se sacan tres rollos de la Torá, y de uno de ellos se lee la sección «*Bezot Haberajá* –Ésta es la Bendición–» (Deuteronomio 33:1) hasta el final de toda la Torá. Y del segundo rollo de la Torá se lee la sección «Bereshit –Génesis–» (Génesis 1:1) hasta (el versículo que manifiesta): «Que creó Dios para hacer» (Génesis 2:3). Y del tercer rollo de la Torá se lee: «El octavo –*shemini*– día será conmemoración –*atzeret*– para vosotros; no haréis ninguna labor [...]» (Números 29:35). Y el hombre que culmina la lectura –que se denomina *Maftir*–, lee el fragmento del libro de los Profetas que comienza con estas palabras: «Y fue después de los días de Moisés [...]» (Josué 1:1). Y en el lugar en que se hacen dos días festivos, en el primer día no se sacan sino dos rollos de la Torá, y en el primero son llamados cinco (hombres para recitar la bendición por la lectura de la Torá, tal como se hace en los días festivos), y se lee de la sección *Ree*, a partir de: «A todo primogénito varón que nazca a tus vacas y a tus ovejas, lo consagrarás a El Eterno, tu Dios; no trabajarás con el primogénito de tus vacas, ni esquilarás al primogénito de tus ovejas» (Deuteronomio 15:19). Y si el día festivo cae en Shabat, se llama a siete (hombres para recitar la bendición por la lectura de la Torá), y se comienza a partir de: «Diezmar, diezmarás toda la cosecha de tu siembra que produce tu campo año a año» (Deuteronomio 14:22). Y el que culmina la lectura –*Maftir*–, lee del segundo rollo de la Torá: «El octavo –*sheminí*– día será conmemoración –*atzeret*– para vosotros; no haréis ninguna labor» (Números 29:35). Y lee el fragmento del libro de Reyes que comienza con estas palabras: «Y fue cuando Salomón terminó […]» (I Reyes 9:1). Y se devuelven los rollos de la Torá al arca, y se pronuncia la alabanza denominada *Kadish*, y se pregona (el inicio de la oración por las lluvias): «El que hace que el viento sople y hace descender la lluvia» (*Shulján Aruj Oraj Jaim* 668:2).

El orden de Simjat Torá

En el lugar en que se hacen dos días, la novena noche –contando desde el comienzo de la festividad de Sucot–, se realiza la santificación del día –sobre un vaso de vino–, y se pronuncia la bendición por el Tiempo –«Bendito eres Tú, El Eterno, Dios nuestro, Rey del universo, que me has hecho vivir, y me has conservado, y me has hecho llegar a este momento»–. Y al día siguiente –cuando se lee la Torá–, se sacan tres rollos de la Torá; y de uno de ellos se lee la sección «*Vezot Haberajá* –Ésta es la Bendición–» (Deuteronomio 33:1) hasta el final de toda la Torá. Y del segundo rollo de la Torá se lee la sección «Bereshit –Génesis–» (Génesis 1:1) hasta (el versículo que manifiesta): «Que creó Dios para hacer» (Génesis 2:3). Y del tercer rollo de la Torá, el que culmina la lectura –*Maftir*–, lee tal como se leyó el día anterior, y lee este fragmento del libro de los Profetas: «Y fue después de los días de Moisés […]» (Josué 1:1) (*Shulján Aruj Oraj Jaim* 669:1).

Y se denomina al último día festivo «la Alegría de la Torá» –*Simjat Torá*–, porque se alegra y se hace banquete por la culminación de la Torá. Y se acostumbra a que el que culmina la Torá y el que comienza el Génesis hagan donaciones y llamen a otros para hacer banquete. Y, además, en estos lugares –de las comunidades ashkenazitas–, se acostumbra a sacar en *Simjat Torá* por la noche y por la mañana todos los rollos de la Torá del arca, y se pronuncian cánticos y alabanzas. Y cada lugar procede según su costumbre. Y, además, se acostumbra a rodear con los rollos de la Torá el mueble de la sinagoga –sobre el que se lee la Torá–, tal como se rodea con (las cuatro especies denominadas) el lulav (en los días de Sucot). Y todo por alegría. Y, además, se acostumbra a incrementar los que son llamados para (recitar las bendiciones de) la Torá, y se lee una sección varias veces, y eso no es prohibido. Además, se acostumbra a llamar a todos los niños al rollo de la Torá, y se les lee la sección: «El Ángel redentor […]». Y por la noche, se leen en el rollo de la Torá las promesas que constan en la Torá, y cada lugar según su costumbre. Además, se acostumbra a culminar la Torá incluso a través de un pequeño –que asciende para recitar las bendiciones–, aunque hay quien dice que específicamente un sabio estudioso de la Torá debe culminar la lectura de la Torá. Y en estos tiempos en que el oficiante lee –y no cada persona individual que recita las bendiciones–, no se debe temer (ser indulgente en esto). En el lugar en que no tienen sino solamente dos rollos de la Torá, del primero leen: «Ésta es la bendición –*Vezot Haberaja*–», y del segundo leen (la sección del) «Génesis –Bereshit–», y vuelven y toman el primero, para (abrir en) el asunto del día (y leer ese asunto). Y así hacen en todo lugar en el que necesitan tres rollos de la Torá y no tienen sino solamente dos *(Hagaá, ibid.)*.

Explicación de *Mishná Berurá*

Respecto a lo que se dijo: «Y, además, se acostumbra a rodear con los rollos de la Torá el mueble de la sinagoga –sobre el que se lee la Torá–, tal como se rodea con (las cuatro especies denominadas) el lulav (en los días de Sucot)»: hay quienes rodean tres veces y hay quienes rodean siete veces, como se rodea con el *lulav* en el último día de la festividad de Sucot denominado *Oshana Raba*, y cada lugar procede según su costumbre.

«Y todo por alegría»: tal como escribió Mahari"k en nombre de rav Hai Gaon, que en ese día nosotros acostumbramos a danzar en él, e incluso, varios ancianos lo hacen en el momento en que se pronuncian las alabanzas por la Torá. Por eso, hay que esforzarse en danzar y cantar en honor de la Torá, como está escrito acerca del rey David, que la paz esté con él: «Y aconteció que el arca de El Eterno llegó a la ciudad de David, y Mijal, hija de Saúl, miró a través de la ventana, y vio al rey David saltando y danzando delante de El Eterno» (II Samuel 6:16). Y así se escribió en el nombre de Ari"zal, y testificaron acerca de él, que dijo que el grado supremo que alcanzó (en su estudio), lo obtuvo a través de alegrarse con toda su fuerza en la alegría del precepto. Y también acerca de Agr"a, que sea recordado para bendición, se escribió que danzaba delante del rollo de la Torá con toda su fuerza.

«Se leen en el rollo de la Torá las promesas que constan en la Torá»: se refiere a las secciones que se acostumbran a vender en todo el año, y se realizan promesas (de otorgar donaciones a la sinagoga). Por ejemplo, la sección: «Y te otorgará –*Veiten leja*–», la sección: «El ángel –*Hamalaj*–», la sección: «Y culminó –*Vaijulu*–», la sección: «Te bendiga – *Iebarejeja*–», la sección: «Cuán buenas –*Ma tobu*–», pues a esas secciones se las denomina promesas; y así surge de lo que consta en *Maguen Abraham*, en el inciso 282.

Las danzas con la Torá

Respecto a las danzas que se realizan con los rollos de la Torá, hay diferentes costumbres. Hay comunidades que cuando terminan la plegaria nocturna sacan los rollos de la Torá y comienzan a danzar con los mismos durante varios minutos, o incluso horas. Otras comunidades, después de la plegaria nocturna, van a sus casas para realizar la santificación del día festivo sobre un vaso de vino, comen la comida festiva y después vuelven a la sinagoga para danzar con los rollos de la Torá. Y hay muchas comunidades que, además de danzar con los rollos de la Torá por la noche, vuelven a danzar con los rollos de la Torá durante el día, después de la plegaria matutina. Y hay comunidades que vuelven a danzar con los rollos de la Torá también por la tarde.

IX

JANUCÁ

Tal como hemos señalado, hay dos fiestas que fueron instauradas por los sabios, y son Janucá y Purim. Y aunque las mismas no constan en el Pentateuco y en ellas no rigen las reglas de las Santas Convocaciones, de todos modos las mencionaremos y hablaremos de ellas en forma sintética.

El 25 del mes hebreo denominado Kislev se celebra Janucá, que es una conmemoración que se prolonga durante ocho días, tal como explicaremos a continuación.

Así comenzó todo: inicialmente, los griegos tramaron arrastrar el corazón del pueblo de Israel para que renegaran de sus creencias en el Dios Único y Todopoderoso. La intención de ellos era que los judíos abandonaran el servicio y la fe en Dios y se unieran a los cultos y creencias de los griegos. Por eso, en un primer momento se valieron sólo de estratagemas, sin atacarlos físicamente.

Este levantamiento ocurrió en el año 3593 del calendario hebreo (168 de la era común). En esos tiempos gobernaba el rey Antíoco IV (Epifanes), y fue él quien ordenó a sus hombres combatir la creencia de los judíos y profanar el Templo.

Al comienzo les hablaban en forma amable, y así lograron conquistar el corazón de las personas simples. Tras lograrlo, el rey les designó un gobernador para la nación y para el Templo Sagrado.

El Gobierno designó también distintos cargos de jefatura y ministros pertenecientes al pueblo judío. Asimismo, designaron un Sumo Sacerdote, como también administradores, jueces y alguaciles.

Estos hombres se plegaron al régimen del invasor y fueron denominados helenistas, en hebreo *mitiavnim*, porque aceptaron las reglas por decisión propia y no por decreto gubernamental.

Los griegos comenzaron a instruir a los que se subyugaban, sobre todo en lo concerniente a la legislatura griega. Asimismo, los instigaron a profanar la Torá que habían recibido a través de Moisés en la Montaña del Sinaí, después de la salida de Egipto, habiendo alcanzado una gran pureza. Y entonces, al subyugarse, abandonaron esa pureza conseguida con tanto esfuerzo y participaban en ceremonias, bailes y homenajes a dioses paganos.

Sin embargo, no todos hacían esto, ya que la mayoría de los judíos no se subyugaron a ese vejamen espiritual. Por el contrario, se aferraron a la Sagrada Torá y clamaron a El Eterno, llorando amargamente por los hermanos que se descarriaron y cayeron en las manos del usurpador.

EL ENOJO DEL REY

El rey Antíoco vio que los *mitiavnim* no realizaban un trabajo completo, ya que no ejercían mano fuerte con todo el pueblo, y además, observó que eran como excomulgados a ojos de la mayoría. Por eso, decidió mandar a hombres de sus tropas con el objetivo de doblegar a los judíos. Y la orden impartida era clara: «subyugación o degüello».

Cuando las legiones de Antíoco llegaron al sector judío, desenvainaron sus espadas, asesinaron, descuartizaron y saquearon. Vejaron a los hijos de Israel, propinándoles todo tipo de ultrajes, y asesinaron decenas de hombres, mujeres y niños indefensos que entregaron su alma por guardar la Sagrada Torá, sus leyes y preceptos.

Después de esta invasión, algunos de los que permanecían fieles a las enseñanzas de la Torá se sometieron al régimen pagano y al servicio a sus ídolos. Y otros huyeron a hacia zonas deshabitadas o se escondieron en cuevas.

LOS RENEGADOS

Los *mitiavnim,* por su parte, colaboraban con el enemigo persiguiendo y tratando de convencer a los que huían para que se plegaran al régimen invasor. Y hasta intentaban traerlos por la fuerza.

En ese tiempo, las huestes invasoras entraron al patio del Templo Sagrado y abrieron en la muralla trece grandes boquetes del tamaño de portones. Anularon la ofrenda continua, denominada *Tamid,* e impurificaron el aceite y robaron el Candelabro denominado *Menorá.*

Construyeron un altar y subieron sobre él un cerdo, lo degollaron y llevaron su sangre al Kodesh Hakodashim, el lugar más sagrado del Templo Sagrado. El pueblo judío oyó lo ocurrido y temió en gran manera. Vieron que no había refugio ante la guerra que se declaró, contra la espada y lanza del usurpador, y contra el hermano revelado que se les unió.

LAS HEROÍNAS DE JANUCÁ

Ante la situación caótica y desesperante que se atravesaba, las mujeres de Israel tomaron una decisión valiente y heroica, pues las esposas de los que habían huido y estaban escondidos, cuando les nacía un varón, lo circuncidaban al octavo día, subían a la muralla de Jerusalén con el niño en sus brazos, lo arrojaban y ellas mismas se arrojaban detrás del bebé para ascender al Cielo juntos. Y hacían eso después de anunciar que se dijera a sus maridos y a todos sus hermanos que se ocultaban ante la guerra: «¡Si vosotros no salís para batallar contra el invasor, no habrá para vosotros niños ni mujeres, y vuestro final será el exterminio total! ¡No en secreto guardaremos nuestra santidad, sino a la vista de todos, y si es vuestra voluntad salvarnos, salid de vuestras madrigueras y pelead contra el enemigo hasta exterminarlo, y el Eterno estará con vosotros!».

En ese momento, se levantó Matitiahu con sus cinco hijos, denominados Jashmonaim, como cachorros de león, y congregaron a todo varón valiente apto para combatir que había en el pueblo.

Después salieron a enfrentar al enemigo de El Eterno, con la decisión firme de triunfar o morir en la contienda. Durante muchos días hicieron la guerra los pocos contra los muchos, los débiles contra los fuertes, y los salvó la diestra de El Eterno, exterminando al enemigo. Entonces, la Tierra de Israel fue purificada de las huestes de Antíoco y todas sus abominaciones. Volvieron al Templo, purificaron el sitio del Altar y lo construyeron nuevamente, haciendo un Candelabro de madera en el que encendieron candelas que iluminaron la luz de la Torá.

Entonces, hubo en toda la casa de Israel y en todos sus asentamientos, alegría, fe y seguridad en El Eterno. Y este hecho iba a ser recordado en todas las generaciones, durante la festividad de Janucá. Asimismo, se establecieron leyes para cumplir en esa fecha, las cuales constan en el Código Legal. Esas leyes, y su explicación, contienen lo que hemos mencionado y otros detalles relevantes acerca de esta celebración.

LAS LEYES DE JANUCÁ

«El 25 del mes de Kislev comienzan los ocho días de Janucá. En esos días está prohibido realizar conmemoraciones públicas por los muertos –*esped*–, y está prohibido ayunar –porque son cosas opuestas a la alegría–. Pero está permitido trabajar. No obstante, las mujeres acostumbran a no realizar labores mientras las velas permanecen encendidas. Y hay quienes opinan que no se debe ceder en alivianar esta costumbre de las mujeres» (*Shulján Aruj Oraj Jaim* 670:1).

EXPLICACIÓN DEL INCISO

El 25 del mes de Kislev comienzan los ocho días de Janucá porque en el segundo Templo Sagrado, cuando el reinado se encontraba en poder de los malvados, ellos decretaron severos decretos sobre Israel, entre los cuales constaba la prohibición de ejercer el judaísmo. No permitían a los hijos de Israel ocuparse de la Torá y de los preceptos.

Además, los griegos robaron el dinero y los bienes de los judíos, y echaron mano a las hijas de ellos. También entraron en el Templo Sagrado, y lo profanaron, impurificando todo lo que estaba puro. Oprimieron a Israel en gran manera, y ejercieron sobre los judíos una presión asfixiante hasta que El Eterno se apiadó de Su pueblo por el mérito de los patriarcas de Israel, salvando a los hijos de Israel de las manos del opresor.

En ese entonces, guiados y bendecidos por El Eterno, los hijos de Jashmonai, que eran sacerdotes –*kohanim*–, se enfrentaron al enemigo y le asestaron un duro golpe. Los valientes judíos mataron a muchos de los invasores y el reino volvió a estar bajo el poder de Israel. Esta dicha se prolongó por más de doscientos años, hasta que el Segundo Templo fue destruido.

Cuando los judíos derrotaron a los invasores, era el día 25 de Kislev. Después de consumada la victoria, entraron al Templo Sagrado y no encontraron la cantidad de aceite puro necesario para encender el Candelabro denominado Menorá durante los días que se requerían para elaborar nuevo aceite puro. Sólo hallaron un frasco que estaba intacto, y sellado por el Sumo Sacerdote –*Kohen Gadol*–, lo cual probaba que ese aceite estaba puro.

Ese aceite hallado alcanzaba para encender la Menorá durante un solo día. Sin embargo, aconteció un milagro, y con el aceite de ese frasco encendieron la Menorá durante ocho días, hasta que prensaron nuevas aceitunas y elaboraron aceite puro.

Por esa razón, los sabios de aquella época decretaron que esos días, que comienzan el 25 de Kislev, sean días de alegría y alabanza a Dios. Por lo tanto, se deben encender en esos días las luminarias conmemorativas de ese suceso, cada noche de los ocho días que duró el milagro, cada uno (de los hijos de Israel) junto a la puerta de su casa. Esto es para difundir el milagro de Janucá, siendo éste un precepto dispuesto por los sabios, que tiene un valor similar a la lectura del libro de Ester –Meguilá– en Purim. (En Purim se conmemora también un milagro parecido al ocurrido en Janucá, pues mientras el pueblo se hallaba exiliado en Babilonia, años antes de haberse construido el Segundo Templo Sagrado, también quisieron exterminar al pueblo judío, pero Dios hizo un milagro y lo salvó de manos del opresor).

Los días en que se celebra Janucá reciben este nombre porque *Janu* significa descansar y *ca* representa al número 25. O sea, en el día 25 –del mes Kislev–, los judíos descansaron de ser acosados por el enemigo. Y al ser estos días una conmemoración de la alegría vivida en aquellos tiempos por el milagro realizado por Dios al pueblo, en estos días está prohibido hacer conmemoraciones públicas por los muertos –*esped*–, y está prohibido ayunar.

En estos días, los pobres acostumbran a visitar las casas y golpear a las puertas para solicitar una ayuda.

Las mujeres acostumbran a no realizar labores –durante media hora–debido a que el milagro fue hecho a través de ellas, como se explicará más adelante. Cabe destacar que, en algunos lugares, también los varones son rigurosos con esta costumbre y no trabajan durante la media hora estipulada para que las velas permanezcan encendidas.

Las velas permanecen encendidas en la casa para reconocer que está prohibido utilizar la luz de las velas durante un espacio de media hora (sólo está permitido contemplar la luz de las velas de Janucá, pero no utilizar esa luz para realizar ninguna cosa).

Y hay quienes opinan que no se debe ceder en alivianar esta costumbre de las mujeres: de no trabajar por espacio de media hora. Pero respecto a los demás momentos de los días de Janucá, escribió Shiltey Guivorim, y concordó con él Jajam Tzvi, que en los lugares donde se acostumbra a no trabajar en esos días durante todo el día, hay que advertirles que no hagan eso, porque la holgazanería es un pecado y provoca fastidio *(Mishná Berurá)*.

ENUNCIADO DE LA SEGUNDA LEY

«El incremento de banquetes que se acostumbran a realizar (en Janucá) es opcional, porque no se estableció para esta festividad banquetes y alegría».

El sabio Moshé Iserlish, autor del apéndice *Hagaá*, agregó: «No obstante, hay quienes opinan que existe cierto valor de precepto en el incremento de los banquetes que se acostumbran a realizar (en Janucá), porque en esos días se realizó la inauguración del Altar. Además, se acostumbra a entonar cánticos y alabanzas en estos banquetes, y entonces, se torna una comida que se considera un precepto».

«Hay sabios que sostienen que hay que comer queso en Janucá, porque el milagro fue realizado con lácteos, ya que Judit le dio a comer lácteos al enemigo» (Kol bo – Ran) *(Shulján Aruj Oraj Jaim* 670:2).

Explicación del inciso

Porque no se estableció para esta festividad banquetes y alegría, sino alabanza y agradecimiento a Dios. La razón por la cual no se estableció aquí alegría como en Purim es porque en Purim el decreto era exterminar y eliminar los cuerpos de los judíos, lo cual significa que se anulará a ellos la comida y la alegría, pero no las almas. Porque aunque hubieran decidido convertirse a la religión pagana de ellos, los enemigos no los hubieran aceptado. Por eso, cuando el Todopoderoso los salvó, se estableció alabanza a Dios también a través de comida y alegría.

Sin embargo, esto fue distinto a lo acontecido con Antíoco, el rey griego, quien no decretó sobre los judíos matanza y exterminio total, sino persecuciones y ejecuciones para que abandonen la observancia del judaísmo. Y si los hijos de Israel se hubiesen subyugado a ellos para convertirse en fieles del enemigo, pagándoles impuestos y plegándose a la religión pagana de ellos, no hubieran solicitado más que eso. Fue entonces cuando el Todopoderoso fortaleció la mano de las huestes judías que salieron a enfrentar al enemigo y lo vencieron. Por eso, se decretó en esta fecha solamente alabanza y agradecimiento a Dios, por ser que el enemigo quiso privarnos de esto, pretendiendo que reneguemos del judaísmo.

En esos días fue la inauguración del altar: porque el día en que se culminó el altar –en el desierto cuando el pueblo judío salió de Egipto– fue también un 25 de Kislev, pero Dios aguardó para la habilitación de éste hasta el mes de Nisán, en el cual nació el patriarca Isaac. Y El Eterno dijo: «Debo recompensar al mes de Kislev». Y efectivamente, El Eterno recompensó al mes de Kislev con la inauguración del Templo en tiempos de los Jashmonaim. Pues allí, en los días de Antíoco, el altar fue profanado por los griegos, y cuando fueron vencidos por los judíos, en los ocho días de Janucá se realizó nuevamente la inauguración.

Judit le dio de comer lácteos al enemigo: era la hija de Yojanán el Sumo Sacerdote –*Kohen Gadol*–, y en esos días los griegos habían decretado que toda mujer judía comprometida fuera ultrajada por el gobernante griego antes de consumar el casamiento con su marido. Judit se presentó, dio de comer al rey griego queso, y estaba sediento, y ella le dio a beber vino hasta emborracharlo. En ese momento le cortó la cabeza, y todos huyeron despavoridos *(Mishná Berurá)*.

La perinola de Janucá

En Janucá los niños acostumbran a jugar con una perinola que se denomina *dreidel*.

El motivo de esta perinola es porque en la época de la opresión griega, cuando los griegos prohibieron estudiar la Torá, en tiempos en los que estaba en pie el segundo Templo Sagrado, solían realizar inspecciones periódicas para comprobar que el decreto establecido por ellos se cumpliera.

Cuando los niños escuchaban que los inspectores se aproximaban, escondían los libros de estudio y se ponían a jugar con inofensivas perinolas. Los inspectores griegos constataban que todo estaba en orden y se retiraban.

Las masas de Janucá

Muchos acostumbran a comer *sufganiot* en Janucá.

Sufganiot son unas masas que se fríen sumergiéndolas en aceite. Y la razón por la que se acostumbra a comerlas en Janucá es por su preparación, ya que recuerda al milagro ocurrido con el aceite. En aquel tiempo, encontraron un recipiente con cantidad suficiente para encender las luminarias del Candelabro un día, y se encendieron ocho días.

X

PURIM

El origen del festejo de Purim

En el año 3338 del calendario hebreo (–423 de la era común), el rey Nabucodonosor invadió Jerusalén y destruyó el Templo Sagrado. Y a los judíos que allí vivían, los desterró, enviándolos a Babilonia. Cincuenta y dos años más tarde, en 3404 (–357 de la era común), se levantó en Babilonia un hombre malvado, llamado Hamán, que pretendió exterminar a todos los judíos. Sin embargo, el Todopoderoso no permitió que Su pueblo sufriera ningún daño.

La salvación de El Eterno llegó tras una súplica de todos los judíos de esa época. La misma incluyó un ayuno de tres días para solicitar la clemencia Divina. Este ayuno fue decretado por la reina Ester.

En la fiesta de Purim, en la que se conmemora la salvación del pueblo judío de manos de Hamán, se envían presentes de alimentos y bebidas. Y lo hacen tanto hombres como mujeres. Los hombres llevan presentes a sus amigos y las mujeres hacen lo mismo entre ellas. Se hace caridad con los pobres, y se bebe vino hasta no reconocer entre Hamán –que representa el mal– y Mordejai –el líder judío de aquella época que representa el bien–.

La historia de Purim

La historia de Purim es narrada en el libro de Ester. Allí se menciona que el reinado del rey Ajashverosh –Asuero– se extendía a lo largo de

127 naciones, desde Hodu hasta Kush. En aquellos días, el rey Asuero ocupó su trono real en la capital de su imperio, Shushan.

En el tercer año de su reinado, organizó un banquete, al que invitó a todos sus oficiales, a sus siervos, a los integrantes del ejército de Persia y Media, a los nobles y a los oficiales de todas las naciones.

Durante ciento ochenta días, el rey se vanaglorió de sus riquezas y de la magnificencia de su reinado.

Cuando estos días acabaron, el rey organizó una fiesta de siete días de duración para todo el pueblo de la capital, Shushan. Ese evento era tanto para las personas distinguidas como para la gente simple. El mismo fue llevado a cabo en el jardín del palacio real.

Las cortinas que allí había eran elegantísimas, como también los muebles y demás implementos. Las bebidas fueron servidas en copas de oro, habiendo mucha abundancia de vino, pero nadie era obligado a beber por la fuerza. Esto fue así por ordenanza del rey, quien encomendó a todos sus oficiales proceder según el agrado de cada huésped.

Por su parte, la Reina Vashti también organizó un banquete para las mujeres en el palacio del rey Asuero.

En el séptimo día, cuando el rey estaba alegre por el vino, se dirigió a sus siete siervos más destacados: Mehuman, Bizta, Jarvona, Bigta, Abagta, Zetar y Jarcás. Les ordenó que trajeran a la reina Vashti, con la corona en la cabeza, para mostrar su belleza a los presentes.

Pero la reina Vashti rehusó obedecer la orden del rey y no asistió. Al enterarse, el rey enfureció y se asesoró con sus sabios astrólogos para saber qué hacer con la reina.

Los sabios más cercanos al rey, y por ende los más importantes, eran Carshena, Shetar, Admata, Tarshish, Meres, Marsena y Memuján, que eran los siete oficiales de Persia y Media.

El rey Asuero pretendía que le dijesen cuál era la manera apropiada de castigar a la reina Vashti por no obedecer la orden que él había impartido.

Memuján habló ante el rey y los oficiales. Dijo:

—La reina Vashti no sólo transgredió contra el rey, sino contra todos los oficiales y todos los pobladores de la totalidad de las naciones del reino del rey Asuero, ya que todas las mujeres se percatarán de lo que la reina ha hecho y ellas ofenderán a sus propios maridos. Seguramente dirán: «El mismísimo rey Asuero ordenó a la reina Vashti presentarse ante él y ella se negó». Cuando las princesas de Persia y Media escuchen lo que hizo la reina Vashti, hablarán de la misma manera a todos los oficiales del rey, y habrá mucha humillación y furia. Y si le parece bien al rey, sea expedido un decreto real y sea escrito entre las leyes de Persia y Media para que no pueda ser cambiado. Esto es lo que debe decir el decreto: «Que la reina Vashti nunca más se presente ante el rey Asuero, y que, en su lugar, el rey escoja a una mujer que sea mejor que ella para que sea reina. Entonces, cuando el nuevo decreto del rey sea publicado en todo su reino, todas las esposas respetarán a sus maridos».

La idea agradó al rey y a sus oficiales, e hizo como le sugirió Memuján.

Envió cartas a todas las naciones del reino, a cada uno en su propia escritura, a cada nación en su propia lengua, ordenándoles que cada hombre sea el amo en su propio hogar, y que toda la familia hable la lengua de su pueblo, y no la de su esposa.

Después del enunciado

Tras lo sucedido, cuando la furia del rey Asuero se aplacó, éste se acordó de Vashti y de lo que ella le había hecho, como también de lo que fue decretado sobre ella.

Mientras tanto, los jóvenes sirvientes del rey dijeron:

—Sean buscadas para el rey mujeres vírgenes jóvenes y hermosas, y que sean nombrados representantes en todas las naciones de su reino para que hagan reunir a todas las jóvenes bellas y las traigan a la capital Shushan, al sitio de reclutamiento. Asimismo, que queden bajo el cuidado de Jegai, el sirviente del rey que custodia a las mujeres. Además, que les sean provistos cosméticos. De esta manera, la joven que más agrade al rey se convertirá en reina en lugar de Vashti.

El rey se mostró satisfecho con la idea, y se procedió tal como se dijo.

Mientras tanto, en la capital Shushan, vivía un judío de nombre Mordejai —Mordiqueo—, de la tribu de Benjamín. Él fue obligado a salir de Jerusalén junto con los demás, entre los que se hallaba Yehonía, el rey de Judea, a quien Nabucodonosor, rey de Babilonia, también exilió.

Mordejai había criado a Hadasa, que era Ester, su prima, pues ella no tenía padre ni madre. La joven era de facciones finas y de gran belleza, y cuando su padre y madre murieron, Mordejai la adoptó como su hija.

Cuando las órdenes del rey se publicaron, muchas jóvenes fueron traídas a la capital Shushan y fueron dejadas bajo el cuidado de Jegai. Ester también fue llevada al palacio y fue puesta bajo el cuidado de Jegai.

La joven pareció bien a los ojos del cuidador, y éste deseaba complacerla. Rápidamente arregló para ella cosméticos y alimentos. Además, le entregó siete sirvientas especiales del palacio real y las ubicó a ella y a sus sirvientas en las mejores habitaciones.

Mientras tanto, Ester no reveló a nadie de qué pueblo era ni dónde había nacido. Procedió así por orden de Mordejai, quien le encomendó no descubrir esos datos.

Todos los días, Mordejai caminaba frente al patio del sitio donde estaban las mujeres para averiguar cómo se encontraba Ester y qué era de ella.

Finalmente le llegó a Ester el turno de presentarse ante el rey Asuero. Esto sucedió después de haber recibido tratamientos de belleza durante doce meses, porque ésa era la duración de los tratamientos, seis meses con aceite de mirro y seis meses con perfumes y cosméticos de mujeres.

Cuando la joven estaba lista para presentarse ante el rey, se le permitió llevar lo que deseara del sitio donde se encontraba albergada en el palacio.

Al atardecer, ella se presentaría, y por la mañana, sería enviada al segundo harén que estaba bajo el cuidado de Shashgaz, el sirviente del rey que custodiaba a las concubinas del monarca. A ella no se le permitiría presentarse ante el rey nunca más, a menos que el mandatario lo deseara, y sería llamada por su nombre.

Cuando llegó el turno de Ester de presentarse ante el rey, ella no pidió nada, excepto lo que dispuso Jegai, el sirviente del rey, que estaba a cargo de las mujeres. Sin embargo, pese a que no llevó nada adicional, la joven agradó a todos los que la vieron.

Ester fue llevada ante la presencia del rey Asuero en su palacio en el décimo mes, el mes de Tevet, en el séptimo año de su reinado.

Al rey le agradó Ester más que todas las otras doncellas, y la favoreció más que a todas las otras mujeres, a tal punto que le puso la corona real sobre su cabeza y la nombró reina en lugar de Vashti.

Entonces, el rey hizo un gran banquete para todos sus oficiales y sirvientes; era un banquete en honor a Ester. Asimismo, el rey decretó que los habitantes de sus naciones tendrían beneficios en los impuestos y les dio regalos.

Por segunda vez fueron reunidas mujeres vírgenes, y Mordejai solía sentarse en la puerta del palacio real.

Ester no revelaba dónde había nacido ni de qué pueblo era, tal como le ordenó Mordejai. Ella seguía haciéndole caso como cuando estaba bajo su tutela.

La trama contra el rey

En aquellos días, cuando Mordejai estaba sentado en la entrada del palacio, Bitan y Teresh, dos sirvientes que custodiaban la entrada del palacio, estaban furiosos con el rey y querían matarlo.

Mordejai escuchó los planes de los dos sirvientes y se lo dijo a la reina Ester. Ester le informó al rey y le dijo que Mordejai se lo había contado.

La información fue investigada y se descubrió que era cierto. Bigtan y Teresh fueron colgados en la horca, y este hecho fue registrado en el libro de las crónicas privadas del rey.

El engrandecimiento de Hamán

Después de estos sucesos, Hamán fue engrandecido por el rey por encima de todos los demás ministros. Desde ese día, todos se prosternaban ante él cada vez que pasaba, excepto Mordejai, quien nunca lo hizo.

Los siervos reales preguntaron a Mordejai por qué desobedecía la orden del rey, quien ordenó prosternarse ante su segundo. Pero Mordejai no escuchó las quejas de ellos, y, además, les reveló su origen judío.

Hamán se sintió muy irritado por la conducta de Mordejai y quiso deshacerse de él, pero le pareció despreciable matarlo sólo a él; por eso, solicitó eliminar a todos los judíos que habitaban en el imperio de Asuero, que se extendía a lo largo de 127 naciones.

El malvado ministro consiguió el consentimiento del rey y fijó la fecha para el exterminio masivo de los judíos. Su plan sería llevado a cabo el día 13 del mes de Adar.

Mordejai se enteró de los planes de Hamán e inmediatamente rasgó sus ropas, y vistió arpillera y ceniza en signo de duelo. Salió a la ciudad y clamó amargamente. Decretó ayuno y duelo entre los judíos de todo el imperio, y en esas condiciones, se puso de pie frente al portón del palacio real.

Ester se enteró de lo que sucedía y envió ropa adecuada para que Mordejai la vistiera, ya que por honor al lugar, no estaba permitido permanecer allí con arpillera y ceniza. Pero él se negó a cambiarse de ropa.

La reina Ester, sorprendida, envió a uno de los siervos del rey llamado Hataj para saber qué estaba sucediendo con Mordejai y cuál era la causa de su extraña conducta.

El enviado hizo lo que le fue encomendado y Mordejai le dijo que contara a Ester todo lo que había sido decretado contra el pueblo de Israel. Y solicitó a la reina que se presentara delante del rey y le implorara por los judíos.

Ester al comienzo dudó, pues hacía un mes que no era convocada por el rey, y regía allí una ley que manifestaba que si alguien se presentaba frente a él sin ser llamado previamente y el mandatario no le extendía su cetro, el castigo que le correspondía era la muerte.

Pero de todos modos, la reina accedió a cumplir la demanda de Mordejai. Para ello, ayunó previamente durante tres días y solicitó que hicieran lo mismo también los demás integrantes del pueblo judío. Era para solicitar clemencia al Todopoderoso y pedirle que la difícil misión tuviera éxito.

Tras el prolongado ayuno, Ester se presentó y el rey le extendió su cetro. Enseguida le preguntó qué deseaba, informándola a su vez de que estaba dispuesto a darle hasta la mitad del reino. Ella le respondió su intención de que asistiera junto a Hamán al banquete que había preparado para él.

El rey y Hamán asistieron al agasajo preparado para el mandatario, y alegre por el vino bebido, nuevamente preguntó a Ester qué deseaba, mencionándole que estaba dispuesto a darle hasta la mitad del reino. Ella le dijo que deseaba que al día siguiente regresara con Hamán a un nuevo banquete que organizaría y que durante el transcurso de éste formularía su pedido.

El Libro de los Recuerdos

Hamán se retiró muy alegre por los honores recibidos y relató todo a su familia. Mientras tanto, durante esa noche, el rey no podía dormir, por eso solicitó que trajeran el Libro de los Recuerdos y le leyeran de él.

Los siervos cumplieron con lo solicitado, y hallaron allí escrita la acción de Mordejai, cuando entregó a Ester el informe de los rebeldes que pretendían matar al rey, salvándole así la vida.

El mandatario preguntó qué se había hecho a Mordejai en retribución, y le respondieron que no le había sido hecha ninguna cosa.

Mientras tanto, Hamán se aproximaba para comunicar al rey la decisión que había tomado de colgar a Mordejai.

En ese momento, el rey preguntó:

—¿Quién está en el patio?

Le respondieron:

—Hamán.

El rey dijo:

—¡Que entre!

Una vez dentro, el rey dijo a Hamán:

—¿Qué se debe hacer al varón al que el rey aprecia de manera especial?

Hamán pensó que el mandatario se refería a él, por eso le dijo:

—Al varón al que el rey aprecia de manera especial, se lo debería traer vestido con ropas reales, que han sido vestidas por el rey, en un caballo en el que ha cabalgado el rey, y le debería ser colocada la corona real sobre su cabeza. Tanto la vestimenta como el caballo han de ser entregados por las manos de uno de los ministros del rey para que vista al varón al cual el rey aprecia de manera especial, y se encargue de colocarlo sobre el caballo, al que llevará por las calles de la ciudad, pregonando delante de él: «¡Así se hace al varón al cual el rey aprecia de manera especial!».

El rey, tras escuchar lo que Hamán había dicho, le respondió:

—¡Apresúrate! ¡Toma la vestimenta y el caballo, y haz todo lo que has hablado a Mordejai el judío, que está sentado en el portón del rey! ¡No disminuyas nada de lo que has hablado!

El segundo banquete

Hamán no tuvo otra alternativa que cumplir la orden al pie de la letra, y se sintió humillado. Después, asistió al banquete organizado por la reina Ester, y allí tuvo lugar su final, ya que la reina contó al rey que su ministro Hamán pretendía exterminar al pueblo judío, al cual ella pertenecía.

El rey se levantó enfurecido y salió al jardín. Mientras tanto, Hamán se dirigió a la reina Ester para pedirle clemencia por su vida. Al cabo de unos instantes, el rey entró, y en ese momento, Hamán cayó sobre la cama en la que se hallaba la reina (ya que, en aquel entonces, era usual recostarse en camas para comer).

El rey, al contemplar la escena, clamó:

—¿Pretendes tomar a la reina en mi propia casa y frente a mi presencia?

Jarbona, que era uno de los servidores del mandatario, le informó de que afuera aún estaba preparada la horca que Hamán dispuso con intenciones de colgar allí a Mordejai. Inmediatamente después de escuchar eso, el rey ordenó que colgaran allí a Hamán. Y así aconteció.

El rey dio la casa de Hamán a Ester. Ella reveló al soberano que Mordejai la había criado y le contó todo lo que había hecho por ella. Por eso, el mandatario quitó el anillo del dedo de Hamán y se lo entregó a Mordejai. Después, Ester dispuso a Mordejai en la casa que había sido de Hamán.

El decreto de Hamán de aniquilar a los judíos fue anulado, y Mordejai salió delante de la presencia del rey, vestido con elegantes ropas reales y con una gran corona de oro. La ciudad de Shushán, que era la capital del imperio, estaba muy contenta, y hubo para el pueblo de Israel luz, y alegría, júbilo y regocijo.

LOS PRECEPTOS DE PURIM

Ésta es la historia de Purim en forma sintética, según lo mencionado en el libro de Ester. Y en el capítulo IX del libro de Ester consta lo establecido para la conmemoración de Purim para todas las generaciones, como está escrito: «Y en el duodécimo mes, que es el mes de Adar, a los trece días de éste, cuando llegó (el tiempo de) hacer conforme a la palabra del rey y su decreto, en el mismo día en que los enemigos de los judíos consideraban ejercer dominio sobre ellos, ocurrió lo opuesto, pues los judíos ejercieron dominio sobre sus aborrecedores. Los judíos se reunieron en sus ciudades en todos los estados del (imperio del) rey Asuero para echar mano de los que buscaban su mal, y ningún hombre se levantó contra ellos, porque el temor de ellos había caído sobre todos los pueblos. Y todos los ministros de los estados, y los gobernantes, y los oficiales, y los que realizaban la tarea del rey, colaboraban con los judíos, porque el temor de Mordejai había caído sobre ellos. Porque Mordejai era grande en la casa del rey y su fama se había extendido por todos los estados –del imperio–, pues la grandeza del hombre, Mordejai, iba y aumentaba. Y los judíos golpearon a todos sus enemigos con golpe de espada y mortandad, y los eliminaron, e hicieron con sus enemigos conforme a su voluntad […] Esto sucedió el día trece del mes de Adar, y reposaron el día catorce de éste, e hicieron a esa fecha (día de) banquete y alegría. Y los judíos que se encontraban en Shushán se reunieron el trece de este (mes), y el catorce de éste y el quince de éste, reposaron, e hicieron a esa fecha (día de) banquete y alegría. Por eso, los judíos que habitan en ciudades sin amurallar hacen el día catorce del mes de Adar (día de) banquete y alegría, y día festivo, y envían porciones cada hombre a su amigo. Y Mordejai escribió estas cosas y envió cartas a todos los judíos que se encontraban en todos los estados del rey Asuero, a los de las cercanías y a los de las lejanías, para que cumplieran con la conmemoración del día decimocuarto del mes de Adar, y el decimoquinto de éste, cada año y año. Como los días en que los judíos reposaron de sus enemigos, y en el mes que se invirtió para ellos de angustia a alegría, y de luto a día festivo, para hacer a esos días (días de) banquete, y para enviar porciones cada hombre a su amigo, y presentes a los pobres. Y los judíos aceptaron hacer lo que habían comenzado y lo que les escribió Mordejai. Porque Hamán, hijo de Hamedata, hagagueo, opresor de todos los judíos, elaboró un plan contra los judíos para destruirlos, y había echado Pur, esto es, la suerte, para destruirlos y acabar con ellos. Y cuando ella (Ester) vino ante la presencia del rey, éste ordenó e hizo escribir que el perverso plan que (Hamán) elaboró contra los judíos se volviera sobre su cabeza, y que lo colgaran a él y a sus hijos en el madero. Por eso, llamaron a esos días Purim, por el nombre Pur; por eso, por todas las palabras de esa carta, y por todo lo que ellos vieron, y por todo lo que les había sucedido, los judíos establecieron y recibieron sobre ellos, y sobre su descendencia, y sobre todos los que se les unieran, que no dejarían de realizar estos dos días conforme a lo que está escrito acerca de ellos, y conforme a su tiempo, cada año y año. Y que estos días serían recordados y realizados en cada generación y generación, por cada familia y familia, en cada territorio y territorio, y en cada ciudad y ciudad; y que estos días de Purim no dejarían de ser celebrados por los judíos, y que su descendencia jamás dejaría de recordarlos» (Ester 9:1–28).

Las leyes de Purim

Sobre la base de lo mencionado fueron establecidas las leyes concernientes a la celebración de Purim. Y uno de los preceptos más importantes que fueron establecidos por los sabios para cumplir en Purim es leer el libro de Ester completo, tal como consta en el Código Legal: «La persona está obligada a leer la Meguilá de Ester durante la noche y volverla a leer por el día» (*Shulján Aruj Oraj Jaim* 687:1).

También fue establecido: «Todos están obligados a leerla, los hombres, las mujeres, los prosélitos y los siervos liberados; y se enseña su lectura a los niños pequeños» (*Shulján Aruj, Oraj Jaim* 689:1).

Asimismo, se estableció: «Las ciudades rodeadas por una muralla desde los días de Josué, incluso aunque ahora no estén amuralladas, leen el día 15 (del mes Adar), incluso fuera de la Tierra de Israel» (*Shulján Aruj, Oraj Jaim* 688:1). «Y las aldeas, y las grandes ciudades, y las ciudades que no están rodeadas por murallas desde los días de Josué, leen el día 14» (*Shulján Aruj, Oraj Jaim* 688:3).

Explicación: esto se debe a que en tiempos de Mordejai, cuando ocurrió el milagro, está escrito –en el libro de Ester– que los judíos guerrearon en todo lugar (del imperio) el día 13 (del mes de Adar), y descansaron el día 14; y en ese día celebraron con banquete y alegría. Y en la capital, Shushan, se dio a los judíos permiso para guerrear contra los idólatras también en el día 14, y no hicieron día festivo sino el día 15. Y así como en aquel tiempo se dividieron en dos días, por eso, cuando Mordejai y Ester establecieron en concordancia con los hombres de la Gran Asamblea establecer Purim para las generaciones, dividieron también en dos días. Y era apropiado establecer que toda ciudad que estuviese rodeada de murallas como Shushan se asemejara a Shushan, haciendo la celebración el día 15. Y era apropiado otorgar honor a Shushan y establecer que toda ciudad que estuviese amurallada desde los días de Asuero leyera el 15, pero debido a que la Tierra de Israel estaba destruida en ese tiempo, las ciudades amuralladas de fuera de la Tierra de Israel serían consideradas más importantes que ellas; por eso, establecieron, por honor a la Tierra de Israel, que toda ciudad que estuviese rodeada de muralla desde los días de Josué leyera el 15, aunque no estuviera amurallada ahora, y el resto, el día 14 solamente, con excepción de Shushan, que aunque no estaba amurallada desde los días de Josué, incluso así, se lea el 15, porque en ella ocurrió el milagro *(Mishná Berurá)*.

Asimismo, fue establecido que toda persona debe dar por lo menos dos presentes a dos pobres (*Shulján Aruj Oraj Jaim* 694:1).

Asimismo, fue establecido que toda persona debe enviar a su amigo dos porciones de carne u otro tipo de alimentos, como está escrito: «Y envía porciones cada hombre a su amigo». (Porciones está en plural, indicándose al menos dos, y amigo está en singular, indicándose al menos uno; por eso, se debe enviar al menos) dos porciones a un hombre. Y todo el que aumente en enviarles a los amigos es alabado (*Shulján Aruj Oraj Jaim* 695:4).

XI

LA CIRCUNCISIÓN

El origen de la circuncisión

La circuncisión es el pacto que entabló El Eterno con Abraham y su futura descendencia, como está escrito: «Dios le dijo a Abraham: en cuanto a ti, guardarás Mi pacto, tú y tu futura descendencia por todas las generaciones. Éste es Mi pacto que guardarán entre Mí y vosotros y tu futura descendencia: "Todo varón de entre vosotros será circuncidado. Cortaréis la carne de vuestro prepucio, y será por señal de pacto entre Yo y vosotros. A la edad de ocho días todo varón de entre vosotros será circuncidado, por todas tus generaciones"» (Génesis 17:10–12).

Para cumplir con este precepto, se requiere que aquel que realiza la circuncisión sea experto en circuncidar de acuerdo con las exigencias de la ley. Además, debe designarse a una persona para que sostenga al bebé durante la circuncisión. Esa persona se denomina *sandak*. Y los sabios explicaron que se denomina así porque *sandak* es una expresión que contiene las iniciales de estas palabras: *sanegor naasa din kategor,* que significa: el Acusador se convierte en defensor. Porque cuando se realiza la circuncisión, el Acusador, que está vinculado con el flanco de la impureza, se quebranta y no puede ejercer dominio para acusar, y se convierte en defensor de Israel (véase *Taamei Haminaguim* 922).

Quiénes son aptos para circuncidar

Debe considerarse que la ley establece que todo miembro del pueblo de Israel es apto para circuncidar, ya sea mujer, esclavo o pequeño, e incluso un israelita incircunciso que no fue circuncidado porque sus hermanos murieron por causa de la circuncisión, ya que en ese caso la ley lo exime. Sin embargo, *a priori*, es correcto que lo haga un miembro de Israel circunciso. Y, *a priori*, debe ser adulto, y justo, conocedor de las leyes de la circuncisión en forma apropiada.

Esto se aprende de lo que está escrito: «Ciertamente será circuncidado —*himol imol*—» (Génesis 17:13). Debe considerarse que la expresión *himol*, como así la expresión *imol*, provienen de la palabra *milá*, que significa circuncisión. A partir de esta aparente redundancia mencionada en el versículo, se aprende que el que circuncida —*moel*, a priori— debe ser circunciso —*maul*— (*Midrash Bereshit Raba* 46:12).

El elemento requerido para realizar la circuncisión puede ser de cualquier material adecuado para cortar. Aunque es preferible circuncidar con un elemento metálico, y se acostumbra a hacerlo con un bisturí.

El procedimiento de la circuncisión

Quien realiza la circuncisión recibe la denominación de *moel*. Y se denomina de ese modo porque *moel* deriva de la palabra *milá*, que significa circuncisión. Y cuando circuncida, procede de este modo: corta el prepucio con el bisturí, cortando toda la piel que recubre el glande hasta que éste quede descubierto.

Después, el moel corta la delgada capa inferior que recubre el glande con la uña y la desplaza hacia ambos lados hasta que la carne del glande quede descubierta. Este proceso se denomina *priá*. Y también se aprende de lo que está escrito: «Ciertamente será circuncidado —*himol imol*—» (Génesis 17:13). La aparente redundancia enseña que deben realizarse dos acciones: el proceso de la circuncisión, es decir, el cortado de la membrana superior que recubre el glande, y además, debe cortarse la membrana interior que recubre el glande —*priá*— (*Midrash Bereshit Raba* 46:12).

Y con el quitado de esa membrana, se descubre lo que estaba cubierto, y hay una gran proyección de irradiación de luminosidad suprema (véase *Maguid Mesharim*).

LA ABSORCIÓN DE LA SANGRE

A continuación, el moel absorbe del lugar de la circuncisión hasta que la sangre surja hacia fuera. Ese paso es esencial para preservar la salud del bebé, ya que si no hace eso, su negligencia puede ocasionar que la vida de la criatura corra peligro. Y después de la absorción, coloca un coagulante para detener la sangre, y venda el lugar tomando todas las precauciones necesarias.

LOS RESTOS DE PIEL

Los restos de piel que quedaron después de realizarse la circuncisión se denominan *tzitzim*. Y si esos restos cubren la mayor parte del glande, deben ser cortados, ya que la circuncisión no es considerada válida. Por eso, en caso de ser necesario cortar los *tzitzim,* se debe hacer incluso en Shabat si el octavo día cayó en Shabat y la circuncisión se hizo en ese día.

Ahora bien, si después de realizarse la circuncisión se observa que quedaron restos de piel pero no cubren la mayor parte del glande, la circuncisión es considerada válida. De todos modos, si la circuncisión se realizó en un día laboral, el moel corta los *tzitzim* grandes.

Y esto también se aprende del versículo citado anteriormente, como está escrito: «Ciertamente será circuncidado –*himol imol*–» (Génesis 17:13). La aparente redundancia *himol imol* enseña que se debe realizar la circuncisión y quitar también los excedentes –*tzitzim*– que quedaran después de cortar la membrana, los cuales deben ser eliminados cuando recubren la mayoría de la corona del glande (*Midrash Bereshit Raba* 46:12).

Detalles de la circuncisión

Se acostumbra a que cuando se lleva al niño al lugar donde será circuncidado, el moel que le realizará la circuncisión dice en voz alta:

—¡*Baruj abá!*

Esta expresión significa literalmente: «¡Bendito el que llega!». O dicho en otras palabras: «¡Bienvenido!».

Y los presentes responden:

—¡En el nombre de El Eterno!

Se trata de una bendición especial que se pronuncia por el bebé. Y los sabios explicaron que la expresión *«abá»* tiene un valor numérico igual a 8, pues *«abá»* se escribe así con letras hebreas:

הבא

Éste es su valor numérico:

$$5 \ = \ ה$$
$$2 \ = \ ב$$
$$\underline{1 \ = \ א}$$
$$8$$

Resulta que al decir *«baruj abá»*, se le desea al niño: «Bendito sea el que será circuncidado al octavo día» (Abudraham).

La bendición del moel

Asimismo, el moel, antes de realizar la circuncisión, recita la bendición: «Bendito eres Tú, El Eterno, Dios nuestro, Rey del universo, que nos ha santificado con sus preceptos y nos ha ordenado lo concerniente a la circuncisión».

Mientras tanto, el padre del bebé también recita una bendición. Cuando se corta el prepucio de su hijo, antes de que se separe la membrana delgada –*priá*–, dice: «Bendito eres Tú, El Eterno, Dios nuestro, Rey del universo, que nos ha santificado con sus preceptos y nos ha ordenado lo concerniente a introducirlo al pacto de nuestro patriarca Abraham».

Ahora bien, si el padre del bebé no se encuentra presente en el momento de realizarse la circuncisión, o se encuentra pero no la puede recitar por alguna razón determinada, en ese caso, otro hombre lo hará en su reemplazo. Y cuando el padre y el moel recitan las bendiciones, deben ponerse de pie. Sin embargo, si el que recita la bendición es quien sostiene al bebé –*sandak*–, se es indulgente, y se enseñó que puede permanecer sentado y recitarla en esa posición.

Y se acostumbra a que después de que el padre recitó la bendición correspondiente, las personas que se encuentran presentes, dicen: «Así como ha entrado al pacto, que entre en la Torá, en el palio nupcial y en los actos de bondad».

AGRADECIMIENTO Y DECLARACIÓN DE VIDA

Después de realizarse la circuncisión, el padre del bebé, o el moel, o uno de los presentes, pronuncia la bendición del vino sobre un vaso de vino: «Bendito eres Tú, El Eterno, Dios nuestro, Rey del universo, creador del fruto de la vid».

Y a continuación, pronuncia esta bendición: «Bendito eres Tú, El Eterno, Dios nuestro, Rey del universo, que santificó al amado del vientre y estableció un decreto para su posteridad, y en sus descendientes selló con la señal del pacto sagrado; por eso, en recompensa por esto, el Dios viviente, nuestra parte, y nuestra Roca, ordenó salvar al amor de nuestra posteridad del sepulcro por Su pacto que colocó en nuestra carne. Bendito eres Tú, El Eterno, que decreta el pacto».

La asignación del nombre

A continuación, se le asigna el nombre al bebé, pronunciándose esta declaración: «Dios nuestro y Dios de nuestros padres, conserva este niño a su padre y a su madre. Y será llamado su nombre en Israel (aquí se menciona el nombre que se dará al niño) hijo de (aquí se menciona el nombre del progenitor). Alégrese el padre con lo que ha surgido a partir de él, y regocíjese la mujer con el fruto de su vientre, como está dicho: "Alégrense tu padre y tu madre, y regocíjese la que te dio a luz" (Proverbios 25:23). "Y pasé junto a ti, y te he visto revuelta en tu sangre, y estando tú en tu sangre te dije: ¡Vive! Y te dije, estando tú en tu sangre: ¡Vive!" (Ezequiel 16:6). Y está dicho: "Recuerda por siempre Su pacto, la palabra ordenada para mil generaciones. Al pacto que entabló con Abraham, y a su juramento con Isaac; lo estableció a Jacob por decreto, a Israel por pacto eterno" (Salmos 105:8–9). "Alabad a El Eterno porque es bueno, porque eterna es su bondad" (Salmos 107:1). Y está dicho: "Abraham circuncidó a su hijo Isaac a la edad de ocho días, tal como Dios le había ordenado" (Génesis 21:4). (Aquí se menciona el nombre del niño), el pequeño, grande será. Así como entró a Su pacto, que así entre en la Torá, en el palio nupcial y en las buenas acciones».

Explicación de la declaración

A continuación veremos la explicación de esa declaración. Se dice: «Conserva este niño a su padre y a su madre» porque le acontecen numerosos milagros cuando nace. Por ejemplo, sus orificios deben abrirse inmediatamente y sus sistemas deben activarse, ya que de lo contrario no podría sobrevivir (véase *Midrash Tanjuma, Tazría* III). E incluso en el día de la circuncisión, no tiene más que ocho días, y se derrama su sangre al circuncidarlo, por eso fue establecido que se ore por él a El Eterno, para que lo conserve para su padre y para su madre, y lo sane.

La expresión «conserva», que se menciona en esta declaración, está fundamentada en las palabras del Salmo que manifiesta: «Consérvame, como has dicho» (Salmos 119:28).

Después se dice: «Alégrese el padre con lo que ha surgido a partir de él». Esta declaración está fundamentada en la cita que manifiesta: «Únicamente tu hijo, que ha surgido de ti, él edificará la Casa a Mi nombre» (I Reyes 8:19).

A continuación se dice: «Y regocíjese la mujer con el fruto de su vientre». Tal como está escrito: «El Eterno te otorgará bondad en abundancia en el fruto de tu vientre» (Deuteronomio 28:11).

Seguidamente se dice: «Como está dicho: "Alégrense tu padre y tu madre, y regocíjese la que te dio a luz" (Proverbios 25:23). "Y pasé junto a ti, y te he visto revuelta en tu sangre, y estando tú en tu sangre te dije: ¡Vive! Y te dije, estando tú en tu sangre: ¡Vive!" (Ezequiel 16:6)».

La razón de la repetición de esta última frase se debe a dos sangres: la sangre de la circuncisión y la sangre de Pesaj, ya que cuando el pueblo de Israel fue liberado de la esclavitud de Egipto, fue por el mérito de cumplir con el precepto de ofrecer el sacrificio de Pesaj y la circuncisión (Rashi).

En el libro *Pirkei de Rabí Eliezer* se explica este asunto más detalladamente. Rabí dijo: «Isaac circuncidó a Jacob, y Esaú despreció la circuncisión del mismo modo como despreció la primogenitura, como está escrito: "Jacob le dio a Esaú pan y guiso de lentejas, y él comió y bebió, se levantó y se fue; y Esaú despreció la primogenitura"» (Génesis 25:34). Mientras tanto Jacob se apegó al pacto de la circuncisión y circuncidó a sus hijos, y a los hijos de sus hijos. ¿Y de dónde se sabe que los hijos de Jacob estaban circuncidados? Como está dicho: «Los hijos de Jacob le respondieron a Shejem y a su padre Jamor con astucia y hablaron, pues él había impurificado a su hermana Dina. Les dijeron: "No podemos hacer tal cosa, dar nuestra hermana a un hombre incircunciso, pues eso sería para nosotros una deshonra. Únicamente con esto consentiremos a vuestra propuesta: si vosotros os volvéis como nosotros, haciendo circuncidar a todo varón de entre vosotros"» (Génesis 34:13–15). A partir de esta cita se aprende que los hijos de Jacob estaban circuncidados y habían circuncidado a sus hijos, y lo otorgaron en heredad por decreto perpetuo. Esto fue así hasta que se levantó el Faraón y emitió contra ellos duros decretos, entre los cuales se hallaba el de impedirles que cumplieran con el pacto de la circuncisión. Pero el día en que los hijos de Israel salieron de Egipto, todos fueron circuncidados, desde el grande hasta el pequeño. Como está dicho: «Pues todos los del pueblo que habían salido estaban circuncidados» (Josué 5:5). Y ellos tomaban la sangre del pacto de la circuncisión y la sangre del sacrificio de Pesaj, y la colocaban sobre los dinteles de sus casas. Y cuando El Santo, Bendito Sea, pasó para golpear mortalmente a los egipcios, vio la sangre del pacto de la circuncisión y la sangre del sacrificio de Pesaj, y se llenó de misericordia con Israel. Como está dicho: «Y pasé junto a ti, y te he visto revuelta en tu sangre, y estando tú en tu sangre te dije: ¡Vive! Y te dije, estando tú en tu sangre: ¡Vive!» (Ezequiel 16:6).

Deseo de vida

Se acostumbra a que cuando el que recita la bendición llega a la declaración: «Y estando tú en tu sangre te dije: ¡Vive!», coloque con su dedo vino del vaso en los labios del bebé. La razón se debe a lo que consta en el Midrash. Está escrito: «Y les dijo: "Así ha dicho El Eterno, Dios de Israel: ponga cada hombre su espada sobre su muslo y pase y vaya de entrada en entrada del campamento, y mate un hombre a su hermano, y un hombre a su prójimo y un hombre a su pariente» (Éxodo 32:27). Moisés realizaba la circuncisión, Aarón cortaba la delgada membrana inferior que recubre el glande –priá– y Josué daba de beber.

La explicación de lo mencionado es que en los cuarenta años que los hijos de Israel estuvieron en el desierto, no se circuncidaron, pues era difícil hacerlo debido al esfuerzo del viaje, y, además, en todos esos años no sopló el viento norte –que es esencial para restablecerse–. Y ahora que estaban por morir –por causa del pecado cometido al hacer un becerro de oro–, Moisés y Aarón no quisieron que murieran sin estar circuncidados y sin recibir el precepto. Por eso, Moisés realizaba la circuncisión, Aarón cortaba la delgada membrana inferior que recubre el glande –priá– y Josué daba de beber del polvo del becerro de oro que habían hecho. Como está escrito: «Y tomó el Becerro que hicieron y lo quemó en el fuego, y lo molió hasta convertirlo en partículas; y lo esparció sobre las aguas, y dio a beber a los hijos de Israel» (Éxodo 32:20).

Los sabios explicaron que se los examinó como se examina a las mujeres descarriadas que fueron denunciadas por sus esposos. Como está escrito: «El Eterno habló a Moisés, diciendo: "Háblales a los hijos de Israel y diles: si la mujer de un hombre se descarriare, y le fuere infiel, y es posible que un hombre cohabitó con ella, y su marido no lo hubiese visto por haberse ella impurificado ocultamente, ni hubiere testigo contra ella, ni ella hubiere sido sorprendida en el acto, y ella no fue forzada; si viniere sobre él espíritu de celos, y tuviere celos de su mujer, habiéndose ella impurificado; o viniere sobre él espíritu de celos, y tuviere celos de su mujer, no habiéndose ella impurificado, el hombre traerá a su mujer al sacerdote y traerá su ofrenda por ella, un décimo de medida *efá* de harina de cebada; no verterá aceite sobre ella ni colocará incienso sobre ella, pues es una ofrenda vegetal de celos, una ofrenda vegetal de recordación, un recordatorio de la iniquidad. El sacerdote la acercará y la ubicará ante El Eterno. El sacerdote tomará agua sagrada dentro de una vasija de barro, y el sacerdote tomará de la tierra que hubiere en el suelo del Tabernáculo y la colocará en el agua. El sacerdote hará que la mujer se ubique ante El Eterno y descubrirá la cabeza de la mujer, y colocará sobre las palmas de ella la ofrenda vegetal de recordación, la cual es una ofrenda vegetal de celos; y en la mano del sacerdote estarán las aguas amargas que causan maldición. El sacerdote la hará jurar y le dirá a la mujer: "Si un hombre no te ha amancebado y no te has descarriado impurificándote con alguien que no es tu marido, serás limpia de estas aguas amargas que causan maldición. Y si tú te has descarriado de tu marido y te has impurificado, y un hombre que no es tu marido te ha amancebado, el sacerdote hará jurar a la mujer con el juramento de la maldición, y el sacerdote le dirá a la mujer: 'El Eterno te ponga por execración y por juramento en medio de tu pueblo, al otorgar El Eterno que tu muslo caiga y tu vientre se hinche. Y estas aguas que causan maldición entrarán en tus entrañas para hacer que el vientre se hinche y el muslo caiga'". Y la mujer dirá: "¡Amén, amén!". Entonces el sacerdote escribirá estas maldiciones en un escrito y las borrará con las aguas amargas. Dará de beber a la mujer de las aguas amargas que causan maldición; las aguas de maldición entrarán en ella para amargura» (Números 5:11-24).

Y a los hijos de Israel se los examinó de la misma manera cuando habían hecho el becerro de oro (Talmud, tratado de *Avodá Zará* 44a). Y esa acción de hacerles beber tenía lugar en el momento de la circuncisión y el cortado de la delgada membrana inferior que recubre el glande –*priá*–, y era para muerte, y no para vida. Y nosotros decimos que este acto de beber –al colocarle el vino al bebé en sus labios– en el momento de la circuncisión, y el cortado de la delgada capa inferior que recubre el glande –*priá*–, sea para vida, y no como en aquella ocasión de Josué. Y, además, se reitera dos veces: «Y estando tú en tu sangre te dije: ¡Vive!», para indicar que a través de la circuncisión merecerá dos mundos: este mundo y el mundo venidero.

La alabanza al Eterno

Posteriormente se dice: «Alabad a El Eterno porque es bueno, porque eterna es su bondad» (Salmos 107:1). La razón se debe a que el pacto de la circuncisión es denominado «bueno». Como se enseña en el Talmud: está escrito: «Un hombre salió de la casa de Levi y tomó una mujer de la casa de Levi. La mujer concibió y dio a luz a un hijo; ella vio que era bueno y lo escondió durante tres meses» (Éxodo 2:1–2). La expresión «bueno» indica que nació circunciso (Talmud, tratado de *Sotá* 12a). A esto se refiere lo que está dicho: «Alabad a El Eterno porque es bueno, porque eterna es su bondad», pues a través de la circuncisión, nos salvamos del juicio del Purgatorio –*Gueinom*–. Como está escrito: «Y tú también por la sangre de tu pacto te salvarás; sacaré a tus presos del pozo en el que no hay agua» (Zacarías 9:11) (Abudraham). Significa que, así como el Mesías, merced a su justicia, se salvará y triunfará en la batalla, también así será contigo Israel, por el mérito de la sangre del pacto de la circuncisión que has cumplido estando en el exilio, te salvarás del profundo exilio, semejante a un pozo en el que no hay agua pero está lleno de serpientes y escorpiones que deseaban dañarte *(Metzudat David)*.

Otros detalles de la circuncisión

A continuación mencionaremos otros detalles importantes de la circuncisión: la circuncisión se realiza, *a priori*, ante un quórum de diez hombres, en el caso en que eso sea posible.

El prepucio cortado será colocado en tierra o arena. Asimismo, el moel expelerá la sangre de la absorción sobre ese mismo elemento. En el caso en que se realice la circuncisión en Shabat, la tierra o la arena deberá estar preparada desde la víspera del Shabat, es decir, el viernes antes del atardecer.

En Francia, acostumbraban a traer un recipiente lleno de arena y tierra, donde se colocaba el prepucio cortado (Abudraham). En *Pirkei de Rabí Eliezer* se explica la razón: durante los cuarenta años que los hijos de Israel permanecieron en el desierto, se circuncidaban, pero no cortaban la delgada membrana inferior que recubre el glande –*priá*– por las dificultades del camino. Y cuando llegaron a la Tierra de Israel, El Santo, Bendito Sea, le dijo a Josué: «¿No sabes que los hijos de Israel no están circuncidados como es debido?». Entonces Josué volvió a circuncidarlos. Como está dicho: «En aquel tiempo El Eterno dijo a Josué: ¡Hazte cuchillos afilados, y vuelve a circuncidar por segunda vez a los hijos de Israel!» (Josué 5:2).

Una montaña de prepucios

Después reunió todos los prepucios que habían sido cortados hasta que hizo con ellos un montículo como una montaña. Como está escrito: «Y Josué se hizo cuchillos afilados, y circuncidó a los hijos de Israel en la colina Aralot» (Josué 5:2). *Aralot* significa literalmente «prepucios». O sea, el versículo indica que Josué hizo como una colina con los prepucios. Y los hijos de Israel tomaban el prepucio y la sangre, y los cubrían con polvo del desierto.

Cuando llegó Bilaam el hechicero a ese lugar, vio todo el desierto lleno de los prepucios de los hijos de Israel; y entonces dijo: «¿Quién podrá levantarse contra el mérito del pacto de la sangre de la circuncisión que está cubierta con polvo?». Como está escrito: «Bilaam le dijo a Balak […] ¿Cómo puedo maldecir? Dios no ha maldecido. ¿Cómo puedo causar enojo? El Eterno no está enojado, pues desde sus orígenes, lo veo igual que una roca, y desde las colinas lo veo. He aquí que es un pueblo que habitará solitario y no será contado entre las demás naciones. ¿Quién ha contado el polvo de Jacob?» (Números 32:1–10).

Los sabios dijeron a partir de aquí que el prepucio y la sangre deben ser puestos en polvo de la tierra. Y desde ese momento en adelante los hijos de Israel colocaron el prepucio cortado en tierra (*Pirkei de Rabí Eliezer*, cap. XXIX).

La colocación del prepucio en arena

Ahora bien, como dijimos, existe una costumbre de colocar el prepucio cortado tanto en polvo de la tierra como en arena. Lo concerniente a la arena está indicado a modo de insinuación en el versículo que manifiesta: «Ciertamente haré bondad contigo y haré que tu descendencia sea como la arena del mar, que es demasiado numerosa para ser contada» (Génesis 32:13). Y lo concerniente al polvo de la tierra está indicado a modo de insinuación en la cita bíblica que declara: «El Eterno le dijo a Abram, después de que Lot se hubo separado de él: "Por favor, alza tus ojos y observa desde donde estás situado: al norte, al sur, al este y al oeste, pues toda la tierra que contemplas, a ti te la daré, y a tu simiente, para siempre. Haré que tus descendientes sean como el polvo de la tierra, de modo que si hay alguien capaz de contar el polvo de la tierra, también tu descendencia podrá contarse"» (Génesis 13:14–16) (Abudraham).

La silla del ángel del pacto

También se acostumbra a disponer una silla para el profeta Elías –*Eliahu*–, que es denominado «el ángel del pacto». Y cuando se coloca al bebé allí, se dice: «Ésta es la silla de Eliahu».

La razón de esta costumbre se debe a que en los días del profeta Elías, habían prohibido que los hijos de Israel se circuncidaran. Pero Elías celó el pacto de la circuncisión y huyó. Como está escrito: «Se dirigió a una cueva y pasó allí la noche. Y vino a él la palabra de El Eterno, el cual le dijo: "¿Qué haces aquí, Elías?"» (I Reyes 19:9). Y él respondió: «Ciertamente he sentido celo por El Eterno Dios de los ejércitos; porque los hijos de Israel han abandonado tu pacto, han derribado tus altares y han matado a espada a tus profetas; y sólo yo he quedado, y me buscan para quitarme la vida» (*Ibid.* 10). El Santo, Bendito Sea, le dijo: «¡Por tu vida! ¡Por haber celado a causa de la circuncisión, siempre que realicen una circuncisión tú testificarás que han cumplido con el precepto!».

Por eso, se dispone una silla para el ángel del pacto, cuyo nombre es Elías –*Eliahu*–. Como está escrito: «He aquí, envío mi mensajero, el cual preparará el camino delante de mí; y el señor, a quien vosotros buscáis, vendrá súbitamente a su Templo, y el ángel del pacto –Elías–, a quien deseáis vosotros. He aquí viene, ha dicho El Eterno de los ejércitos» (Malaquías 3:1).

El banquete festivo

Asimismo, se acostumbra a realizar un banquete el día de la circuncisión. El origen de esta costumbre nace a partir de la acción de Abraham, quien cumplió en forma íntegra con la ordenanza impartida por el Eterno. Como está escrito: «Abraham circuncidó a su hijo Isaac a la edad de ocho días, tal como Dios le había ordenado» (Génesis 21:4). Por eso, los sabios dijeron: el hombre está obligado a alegrarse y realizar un banquete el día en que tenga el mérito de circuncidar a su hijo, como lo hizo nuestro patriarca Abraham. Como está dicho: «Abraham hizo un gran banquete el día en que Isaac fue destetado –*higamel*–» (Génesis 21:8).

La expresión *higamel* literalmente significa «fue destetado». De acuerdo con esta interpretación, hizo un banquete cuando su hijo tenía dos años de vida, que es cuando el niño se aparta por sí solo de los pechos de su madre y rehúsa seguir mamando (Rashi, *Siftei Jajamim*). Pero observando esta expresión en el texto original hebreo, encontramos una enseñanza maravillosa. *Higamel* está escrito con las letras hebreas: *he, guimel, mem* y *lamed*.

$$הגמל$$

El valor numérico de la primera letra, *he*, es 5

147

El valor numérico de la segunda letra, *guimel*, es 3

5	=	ה
3	=	ג

Sumamos estos dos valores y resulta:

$$5 + 3 = 8$$

Las dos últimas letras de *higamel* son *mem* y *lamed*. Forman la palabra «*mal*», que significa «circuncidó».

מל

Es decir, Abraham circuncidó a su hijo al octavo día de haber nacido e hizo un banquete para celebrarlo (Abudarham; *Pirkei de Rabí Eliezer*, cap. XXIX).

XII

LAS FILACTERIAS

Las filacterias son cajas de cuero que contienen secciones de la Torá, y se atan en la cabeza y en el brazo, como está escrito: «Y estas palabras que Yo te ordeno hoy estarán sobre tu corazón […]. Las atarás como señal sobre tu brazo y estarán en la filacteria entre tus ojos» (Deuteronomio 6:5–8).

Éstas son las cuatro secciones que contienen las filacterias dentro de las cajas de cuero:

PRIMERA SECCIÓN

«Oye, Israel, El Eterno es nuestro Dios, El Eterno es Uno. Amarás a El Eterno, tu Dios, con todo tu corazón, con toda tu alma y con todo lo que tienes. Y estas palabras que Yo te ordeno hoy estarán sobre tu corazón. Las enseñarás a tus hijos y hablarás de ellas cuando estés sentado en tu casa, y cuando andes por el camino, y cuando te acuestes y cuando te levantes. Las atarás como señal sobre tu brazo y estarán en la filacteria entre tus ojos. Y las escribirás sobre las jambas de tu casa y en tus portales» (Deuteronomio 6:4–9).

Segunda sección

«Y será si ciertamente oyereis Mis preceptos que Yo os ordeno hoy, amando a El Eterno, vuestro Dios, y sirviéndole con todos vuestros corazones, y con todas vuestras almas. Entonces daré lluvias para vuestra tierra en su momento propicio, las primeras lluvias y las últimas lluvias, y recogerás tu grano, tu vino y tu aceite. Y daré hierba en tu campo para tus animales; y comerás y te saciarás. Tened cuidado de que vuestro corazón no sea seducido, y os desviéis, y sirváis a otros dioses, y os postréis a ellos. Y la ira de El Eterno se encienda contra vosotros, y contenga los Cielos, y no haya lluvia, y la tierra no produzca su producto; y os perdáis rápidamente de sobre la buena tierra que El Eterno os otorga. Y pondréis estas palabras Mías sobre vuestros corazones, y sobre vuestras almas; y las ataréis por señal sobre vuestro brazo, y os serán por filacterias entre vuestros ojos. Y las enseñaréis a vuestros hijos para hablar de ellas; cuando estuvieres sentado en tu casa, y cuando anduvieres en el camino, y cuando te acuestes, y cuando te levantes. Y las escribirás en las jambas de tu casa, y en tus portales. Para que se prolonguen vuestros días, y los días de vuestros hijos, sobre la tierra que El Eterno juró a vuestros ancestros que les daría, como los días de los Cielos sobre la tierra» (Deuteronomio 11:13–21).

Tercera sección

«Y El Eterno habló a Moisés, diciendo: "Santifica para Mí a todo primogénito, el que abre toda matriz de los hijos de Israel, del hombre y del animal, es para Mí". Y Moisés dijo al pueblo: "Recordad este día en que salisteis de Egipto, de una casa de esclavitud, porque con mano fuerte El Eterno os sacó de eso; y no se comerá leudado. Hoy vosotros salís en el mes de la primavera. Y acontecerá cuando El Eterno os traiga a la tierra del cananeo, y del jeteo, y del amorreo, y del jiveo, y del yebuseo, que Él juró a vuestros ancestros que te daría, una tierra en la cual mana leche y miel, que realizaréis este servicio en este mes. Siete días comerás pan ácimo, y en el séptimo día será festividad para El Eterno. Se comerá pan ácimo en los siete días; y no se verá en ti leudado, y no se verá en ti levadura, en todo tu territorio. Y en ese día le contarás a tu hijo, diciendo: "Por esto El Eterno hizo por mí cuando salí de Egipto". Y será para ti por señal sobre tu brazo, y por recordatorio entre tus ojos, para que la Torá de El Eterno esté en tu boca, porque El Eterno te sacó de Egipto con mano fuerte. Y cuidarás este decreto en su tiempo, (en el tiempo) de los días en su día» (Éxodo 13:1–10).

Cuarta sección

«Y será cuando El Eterno te traiga a la tierra del cananeo, tal como te juró a ti, y a tus ancestros, y te fuere dada; separarás a todo el que abre la matriz para El Eterno, y a todo engendro primogénito de los animales que tuvieres, los varones serán para El Eterno. Y a todo el que abre la matriz de los asnos, lo redimirás con un cordero; y si no lo redimieres, lo desnucarás; y a todo primogénito de hombre entre tus hijos lo redimirás. Y será que cuando tu hijo te preguntare mañana, diciendo: "¿Qué es esto?", tú le dirás: "El Eterno nos sacó de Egipto, de casa de esclavitud, con mano fuerte. Y cuando el Faraón se obstinó de enviarnos, sucedió que El Eterno mató a todos los primogénitos de la tierra de Egipto, desde el primogénito del hombre hasta el primogénito del animal; por eso, yo ofrendo a El Eterno a todo varón que abre la matriz, y a todos los primogénitos de mis hijos los redimiré". Y esto estará por señal sobre tu brazo, y por filacteria entre tus ojos, porque El Eterno nos sacó de Egipto con mano fuerte» (Éxodo 13:11–16).

El mandamiento de las secciones

En el contenido de esas cuatro secciones, consta explícitamente que El Eterno ordenó colocarlas en las filacterias, como está escrito en la primera sección: «Las atarás como señal sobre tu brazo y estarán en la filacteria entre tus ojos» (Deuteronomio 6:8). En la segunda sección está escrito: «Y pondréis estas palabras Mías sobre vuestros corazones, y sobre vuestras almas; y las ataréis por señal sobre vuestro brazo, y os serán por filacterias entre vuestros ojos» (Deuteronomio 11:18). En la tercera sección está escrito: «Y será para ti por señal sobre tu brazo, y por recordatorio entre tus ojos» (Éxodo 13:9). Y en la cuarta sección está escrito: «Y estará por señal sobre tu brazo, y por filacteria entre tus ojos» (Éxodo 13:16).

La escritura y los compartimentos

Esos textos se escriben con tinta negra en pergaminos de cuero de animal puro, como fue enseñado: «Se escriben con tinta negra» (*Shulján Aruj, Oraj Jaim* 32:3). Y fue enseñado: «El pergamino debe ser de cuero de animales domesticables, o animales salvajes, o aves, puros; pero no de cuero de animales domesticables o animales salvajes, o aves, impuros, como está escrito: "Para que la Torá de El Eterno esté en tu boca" (Éxodo 13:9). De la especie permitida para tu boca –para comer–» (Talmud, tratado de *Shabat* 108a; *Shulján Aruj, Oraj Jaim* 32:12).

La filacteria del brazo contiene un pergamino colocado en un solo compartimento, y la filacteria de la cabeza contiene cuatro pergaminos, cada uno colocado en un compartimento independiente (*Shulján Aruj, Oraj Jaim* 32:45).

Y esa disposición se aprende de lo que está escrito en el versículo, ya que se refiere a la filacteria del brazo en singular, a través de la expresión: "señal –*ot*–", y a la filacteria de la cabeza, a través de la expresión: "*totafot*", que significa 4, como está escrito: «Las atarás como señal –*ot*– sobre tu brazo y estarán en la filacteria –*totafot*– entre tus ojos» (Deuteronomio 6:8).

Y fue explicado: se denominan *totafot* por la cantidad de sus secciones, ya que *tot* en lengua *ketefi* significa 2, y *fot* en lengua *afriki* significa 2 (Rashi a Deuteronomio 6:8, Talmud, tratado de *Sanhedrín* 4b; *Shulján Aruj, Oraj Jaim* 32:2; *Mishná Berurá*).

El pergamino

El pergamino en el que se escribe el texto de las filacterias se denomina *klaf*. Y se escribe en *klaf* porque así lo indica una ley recibida por Moisés en la Montaña del Sinaí (Talmud, tratado de *Menajot* 32, *Shulján Aruj, Oraj Jaim* 32:7).

Se escribe en pergamino denominado *klaf,* y no en la parte del cuero del animal denominado *duksostos,* ni en la parte del cuero del animal denominado *guevil* (el cuero sin dividir). Y se escribe en pergamino denominado *klaf* en el lugar que está junto a la carne, y si se modificó, la filacteria es inválida.

¿Qué es *klaf* y qué es *duksostos?* El cuero, en el tiempo de su procesado, es dividido en dos, y la parte exterior que está del lado del pelo del animal se denomina *klaf,* y la parte interior que está unida a la carne se denomina *duksostos.* Por lo tanto, cuando se dice que se escribe sobre el *klaf* en el lugar que está junto a la carne, se refiere al lugar más cercano a la carne, es decir el lugar de su unión cuando está pegado al *duksostos* (*Shulján Aruj, Oraj Jaim* 32:7).

Las letras *shin*

Asimismo, hay una ley recibida por Moisés en la Montaña del Sinaí que manifiesta que en el cuero de la caja de la filacteria de la cabeza –que contiene los pergaminos con los textos de la filacteria– se hagan dos letras *shin* en relieve: una a la derecha del que se coloca la filacteria y otra a la izquierda del que se coloca la filacteria. La de la derecha debe tener tres cabezas y la de la izquierda debe tener cuatro cabezas (Talmud, tratado de *Menajot* 35a, *Shulján Aruj, Oraj Jaim* 32:42).

La letra *shin* de tres cabezas corresponde con la letra *shin* que se escribe en los rollos de la Torá, y la letra *shin* de cuatro cabezas corresponde con esa letra tal como aparecía grabada en las tablas de la ley, que eran de piedra y el grabado pasaba de lado a lado,[1] y tenía un contorno de cuatro cabezas (véase *Beit Yosef*).

---

1. Véase la explicación de la forma de las Tablas de la Ley y de su escritura, que pasaba de lado a lado, en el libro *Numerología y cábala*, páginas 62 y 63.

La base de las cajas

Asimismo, hay una ley recibida por Moisés en la Montaña del Sinaí que manifiesta que hay que hacer una base a las cajas de las filacterias. Tal como enseñó Rav Jananel en nombre de Rav: la base de las filacterias –denominada *titora*– es una ley recibida por Moisés en la Montaña del Sinaí (Talmud, tratado de *Menajot* 35a, *Shulján Aruj, Oraj Jaim* 32:44).

Explicación: la base denominada *titora* es una extensión del cuero en la parte inferior de la caja de la filacteria, que cierra la entrada de la caja, es decir, los compartimentos en los cuales se colocan las secciones en su interior. Y la base está hecha del mismo cuero de la caja, porque uno de los flancos de la caja se hace más largo, y se lo dobla para hacer la *titora* que cierra la parte inferior de los demás flancos de la caja.

La pasadera de las filacterias

Asimismo, hay una ley recibida por Moisés en la Montaña del Sinaí que manifiesta que hay que hacer una pasadera en la base de las filacterias. Tal como enseñó Abaie: la pasadera de las filacterias –denominada *maabarta*– es una ley recibida por Moisés en la Montaña del Sinaí (Talmud, tratado de *Menajot* 35a).

Explicación: la medida de la base –*titora*– debe ser más larga por un flanco, y le debe hacer una pasadera. ¿Cómo es esto? La ha de cortar en los dos flancos para que no sea tan ancha como el ancho de la base, de modo que se note el cuadrado de la base –porque la base también debe ser cuadrada, como la caja–. Y por esa pasadera pasa la correa de la filacteria; y por eso se denomina pasadera. Y también a la filacteria del brazo debe hacerle una base y una pasadera (*Shulján Aruj, Oraj Jaim* 32:44).

Las correas

Asimismo, hay una ley recibida por Moisés en la Montaña del Sinaí que manifiesta que las correas de las filacterias deben ser negras. Tal como enseñó Rabí Isaac: su negrura es una ley recibida por Moisés en la Montaña del Sinaí (Talmud, tratado de *Menajot* 35a, *Shulján Aruj, Oraj Jaim* 33:3).

LA CUADRATURA DE LAS CAJAS

Asimismo, hay una ley recibida por Moisés en la Montaña del Sinaí que manifiesta que las cajas de las filacterias deben ser cuadradas (Talmud, tratado de *Menajot* 35a).

En el Talmud se enseñó además acerca de este tema: dijo Rav Papa: (para su forma cuadrada debe hacerse hincapié) en su costura y en su oblicuidad (Talmud, tratado de *Menajot* 35a).

Explicación: en su costura: porque cuando se cose el cuero de la base –*titura*– que cierra las entradas de los compartimentos, hay que ser cuidadoso en no estirar el hilo de la costura más de lo debido para que no se contraiga el cuero y se anule la forma cuadrada de la caja (véase *Rashi*).

Y en su oblicuidad: es decir, que la longitud –de la caja– sea igual al ancho para que sus diagonales tengan una medida equivalente, tal como dijeron los sabios: cada cuadrado de (una medida de) un codo (en sus lados) es igual a un codo y un quinto en sus diagonales (Talmud, tratado de *Sucá* 8a; Rashi en el tratado de *Menajot* 35a).

Es decir, la longitud de cada diagonal del cuadrado es mayor a la medida de cada uno de sus lados en dos quintos. (Por eso, si cada diagonal de la caja mide 1 y 2/5 respecto a uno de sus lados, es un cuadrado; y si no, es un rectángulo o un rombo) (véase *Rashi*).

Y considerando estas pautas, fue establecida la ley en el Código Legal: según una ley recibida por Moisés en la Montaña del Sinaí, las filacterias, tanto de la cabeza como del brazo, deben ser cuadradas en su costura y en su oblicuidad. Es decir, que su cuadratura sea igual en su longitud y en su ancho para que tengan la misma (medida en su) oblicuidad. Porque dijeron los sabios, de bendita memoria: todo codo en su cuadratura equivale a un codo y dos quintos en (la medida de) sus diagonales (*Shulján Aruj, Oraj Jaim* 32:39).

La costura y el hilo

Asimismo, hay una ley recibida por Moisés en la Montaña del Sinaí que manifiesta que hay que coser las filacterias con nervios de animales domesticables o animales salvajes puros (*Shulján Aruj, Oraj Jaim* 32:49; Talmud, tratado de *Shabat* 28b).

Debe coser tres puntadas en cada lado, y el hilo debe rodear dos flancos, y debe pasar el hilo de la costura entre cada compartimento y compartimento. Y hay quien dice que esas doce costuras deben ser realizadas con un solo hilo (*Shulján Aruj, Oraj Jaim* 32:51). Y la razón de las doce costuras es en correspondencia a las doce tribus de Israel (*Mishná Berurá*).

Los nudos

Asimismo, debe introducir la correa dentro de la pasadera, y hacer un nudo como una especie de letra *Dalet* en la filacteria de la cabeza y como una especie de letra *Yud* en la filacteria del brazo para completar el nombre del Todopoderoso con la letra *Shin* de la filacteria de la cabeza (*Shulján Aruj, Oraj Jaim* 32:52).

El nombre del Todopoderoso

Este Nombre del Todopoderoso es sumamente importante. Por eso, se escribe en el reverso del pergamino de la Mezuzá. A través de éste se atrae protección y benevolencia de lo Alto. Sus propiedades permiten modificar incluso los designios astrológicos adversos y desfavorables. Y también mediante este Nombre se puede batir al enemigo y al opresor (*Ben Ish Jai* año II sección *Ki Tavó*).

La escritura del texto

Las filacterias deben ser escritas por un escriba experto que conozca las leyes de la escritura de las filacterias en forma precisa, ya que se requieren muchos detalles, que en caso de ser obviados tornan a las filacterias inválidas.

La concentración del escriba

Al comienzo de la escritura, el escriba –que se dispone a escribir filacterias– debe pronunciar con su boca la declaración: «Yo escribo en nombre de la santidad de las filacterias». Además, cada vez que se dispone a escribir una mención de El Eterno –como el Tetragrama–, el escriba debe pronunciar con su boca la declaración: «Yo escribo en nombre de la santidad del Nombre» (Código Legal –*Shulján Aruj*– *Oraj Jaim* 32:19).

Según el apéndice del sabio Rabí Moshé Iserlish, se permite la escritura *a posteriori* de una mención del Eterno cuando el escriba pensó (la consagración de El Nombre) y no lo expresó con su boca.

Pero al comienzo de la escritura, el escriba –que se dispone a escribir filacterias– debe pronunciar indefectiblemente con su boca la declaración: «Yo escribo en nombre de la santidad de las filacterias». Y no es suficiente con pensarlo, ni siquiera *a posteriori*, ya que si no pronunció esta declaración, la escritura será inválida *(Mishná Berurá, ibid.).*

Una falta de concentración

Ahora bien, ¿qué ocurre cuándo el escriba escribió una letra sin consagrar la escritura previamente? ¿Hay algún modo de validar esa escritura?

En un caso así, las filacterias son inválidas, tal como lo establece la ley en Código Legal. Y no es permitido pasar la pluma nuevamente por esa letra que se escribió sin consagrar para validar la letra y seguir escribiendo *(Mishná Berurá en Shulján Aruj, Oraj Jaim 32:19).*

Letras que se tocan

Otro detalle importante en la escritura de filacterias –y *mezuzá*– es que ninguna letra puede tocar a otra letra; por eso, toda letra debe estar contorneada por el pergamino.

Apéndice: y debe escribirse a través de una escritura íntegra, no haciendo faltar siquiera el espinillo de la letra *yud;* y deben colocarse los bastoncillos denominados *taguim,* de acuerdo con la ley (Código Legal –*Shulján Aruj– Oraj Jaim* 32:4; Hagaá).

Resulta que si una sola letra se toca con la otra, las filacterias o la *mezuzá* que presenten ese defecto son inválidas. Y si una letra fue escrita en el borde del pergamino sin que hubiere quedado nada de pergamino para contornear a la letra, esas filacterias o la *mezuzá* que presenten ese defecto son inválidas.

Ahora bien, en el caso en que la forma de una letra esté completa de acuerdo con la ley y se toca con otra letra cuya forma también está completa, las filacterias o la *mezuzá* son inválidas, como dijimos, pero debido a que la forma de las letras no se alteró, es posible separarlas, y entonces las filacterias o la *mezuzá* serán aptas.

Pues para un caso así la ley establece: si una letra está pegada a otra letra, ya sea desde antes de culminársela o después de culminada, (la escritura) es inválida. Y si se raspó y se separaron, (las letras, la escritura) es válida. Y no se denomina «grabado del interior de la letra», pues la letra estaba escrita correctamente (*Shulján Aruj, Oraj Jaim* 32:18).

Una gota de tinta que arruina la letra

Si cayó una gota de tinta sobre una letra y esa letra no se nota, es decir, se alteró su forma a causa de la gota de tinta caída sobre ella, no es posible arreglarla raspando la tinta caída para hacer que la letra recupere su forma original, pues si se hace esto, la letra se formaría por el grabado –raspado– de su interior, y eso está prohibido. Pues está escrito: «Y escríbelas en las jambas de tu casa y en tus portales» (Deuteronomio 6:9). Se aprecia que está escrito: «Y escríbelas», y no está escrito: «Y grábalas».

La misma ley se aplica cuando el escriba se equivoca y escribe una letra *dalet* –que posee una forma recta en el extremo superior derecho–, en lugar de *reish* –que posee una forma curva en el extremo superior derecho–.

Letra *dalet*

ד

Letra *reish*

ר

Lo mismo se aplica al caso en que el escriba se equivocó y escribió una letra *bet* en lugar de una letra *caf.* No se puede solucionar borrando el sobrante, porque sería como grabado del interior de la letra, y no como escritura.

Letra *bet*

ב

Letra *caf*

כ

(*Shulján Aruj, Oraj Jaim* 32:17).

Maimónides señaló, además de las letras mencionadas, otras dos letras que tienen rasgos semejantes y que el escriba debe tener mucho cuidado al escribirlas para que no se confundan una con la otra. Estas letras son *yud* y *vav:*

Letra *yud*

י

Letra *vav*

ו

(Maimonides, *Ahavá* 1:19).

Letras faltantes y sobrantes

El escriba debe hacer hincapié en las letras faltantes y sobrantes (pues en el texto original hebreo hay letras auxiliares que en ocasiones están escritas, y otras no, y debe respetarse cada detalle en forma estricta), pues si el escriba hizo faltar o agregó una letra, las filacterias son inválidas; y aquellos que se las colocan cada mañana, recitan cada mañana una bendición en vano. Y, además, esa persona –que se coloca las filacterias en esas condiciones– permanece todos los días sin cumplir con el precepto de colocarse las filacterias. Por eso, el escriba de filacterias o quien se ocupa de los arreglos de éstas deben ser muy reverenciales del Omnipresente y temerosos de Su palabra (Código Legal –*Shulján Aruj*–, *Oraj Jaim* 32:20).

Todas las letras que constan en el texto original hebreo deben estar escritas correctamente. Incluso si el escriba hizo faltar el espinillo de la letra *yud,* la misma no está completa, y es como si no estuviera escrita (véase *Mishná Berurá, ibid.*; y véase tratado talmúdico de *Menajot* 29a).

Un escriba experto y responsable

Como se dijo, el escriba debe ser una persona muy reverencial del Omnipresente y temeroso de Su palabra. Por lo tanto, es incorrecto que un escriba profesional y habilitado permita a sus alumnos ocuparse de la escritura hasta que ellos se conviertan en escribas expertos. Tal como escribió Levush, no debe actuarse como lo hacen ciertos escribas en la actualidad, que ponen a los jóvenes discípulos a escribir filacterias para que se habitúen a la escritura; y después, el escriba revisa si fueron escritas acorde a la ley en lo concerniente a las letras faltantes y sobrantes, y lo considera suficiente para determinar la aptitud. Y los escribas que hacen esto consideran el dinero –de la venta de las filacterias– como pago del estudio por parte de los jóvenes. Y estos escribas se permiten esto y dicen: «Yo al hacer esto soy generoso y es como si hiciera un acto de bondad con los jóvenes que son pobres, pues les enseño la profesión de la escritura gratuitamente, que es un trabajo sagrado».

Y el sabio Levush dijo: pero yo digo que la ganancia de esos escribas es en realidad una pérdida, pues, por el contrario, ellos no actúan bien con el pueblo, ya que los jóvenes, jóvenes son, y no saben diferenciar entre derecha e izquierda. Y ellos no se concentran en absoluto. Sólo se ocupan de escribir embelleciendo la escritura, sin ninguna santidad ni ninguna concentración específica por el cumplimiento del precepto. Y la penalización que le corresponde al escriba es muy severa, pues hace tropezar a las personas que se colocan esas filacterias inválidas. Y no sólo eso, sino que para enaltecer su mercancía, el escriba dirá a todos: ¡Yo he escrito estas filacterias, y con una gran concentración! Y todo el que actúe de ese modo, finalmente deberá rendir cuentas en lo Alto y recibirá la severa penalización que le corresponde. En alusión a ellos está dicho: «Maldito el que hiciere con engaño la obra de El Eterno» (Jeremías 48:10).

Por tal razón, el escriba debe ser cuidadoso y precavido, y alejarse de esto, y le irá bien. Pues si bien se dijo que las filacterias deben ser escritas «en su nombre», no quiere decir en el nombre del dueño de las filacterias, sino en el nombre de la santidad de las filacterias.

Por lo tanto, es apropiado para todo el que tenga la posibilidad de hacerlo, designar escribas de filacterias dignos, hombres de verdad, que odien el despojo, poseedores de Torá, temerosos de Dios y que reverencien Su palabra con todas sus fuerzas. Y hay que ser estricto en la designación de los escribas, como con la designación de los matarifes de animales y los que inspeccionan la faena. No debe confiarse en todos los escribas, pues hay entre ellos algunos cuya única intención es ganar dinero mediante la escritura y los bellos arreglos que hacen en las filacterias. Y aunque es correcto embellecer los preceptos, y si ellos hubieran tenido esa intención sería bueno, esto es así en el caso de que su intención fuese también por la santidad; pero en eso ellos no son cuidadosos (*Mishná Berurá* en *Shulján Aruj, Oraj Jaim* 32:20).

LOS DÍAS DE LAS FILACTERIAS

Las filacterias se colocan en los días laborales, tal como se enseñó: en Shabat y los días festivos está prohibido colocarse las filacterias porque esos días se denominan Señal, y si pusiera en ellos otra señal, es como si los despreciara –a esos días– (*Ben Ish Jai Vaiera* 10).

Esto se aprende de lo que está escrito: «Y cuidarás este decreto en su tiempo, de los días en su día» (Éxodo 13:10). El sabio Yonatan ben Uziel mencionó en su traducción al arameo: «Y cuidarás este precepto de las filacterias en su tiempo que le corresponde en los días laborales, y no en Shabat, y no en las festividades; y en los días, y no en las noches».

En el Talmud se explica: la expresión: «días», enseña que las filacterias se colocan de día, y no de noche. Y lo que está escrito: «De los días» enseña que no todos los días se colocan las filacterias, sino parte de los días, sólo aquellos que requieren una señal, y se excluyen aquellos días que son ellos mismos una señal: el Shabat y los días festivos.

Rabí Akiva dijo: ¿Es posible que se coloquen las filacterias en Shabat y los días festivos? ¡Se aprende del versículo! (Como está escrito: «Y estará por señal sobre tu brazo y por filacteria entre tus ojos»). Se aprende que se colocan las filacterias sólo en aquel día que necesita una señal. Se excluyen el Shabat y los días festivos, que ellos mismos son una señal (Talmud, tratado de *Menajot* 36b).

El tiempo de las filacterias

El tiempo para colocarse las filacterias comienza durante la mañana, a partir de cuando alguien es capaz de ver a su compañero con el cual tiene frecuencia a una distancia de cuatro codos, y lo reconoce (*Shulján Aruj, Oraj Jaim* 30:1).

Y cuando se colocan las filacterias, primero se coloca la del brazo y después la de la cabeza (*Shulján Aruj, Oraj Jaim* 25:5). Y esto se aprende de lo que está escrito: «Las atarás como señal sobre tu brazo», y después está escrito: «Y estarán en la filacteria entre tus ojos».

Al colocarse las filacterias, la persona debe concentrarse en que El Santo, Bendito Sea, ordenó lo concerniente a esas cuatro secciones, en las cuales se encuentra (indicada) la unicidad de su Nombre y la salida de Egipto. Y se colocan sobre el brazo, junto al corazón, y sobre la cabeza, frente al cerebro, para que se acuerde de los milagros y las maravillas que El Eterno nos hizo, e indican Su unicidad, y que tiene poder y potestad en los entes de lo alto, y en los de lo bajo, para hacer conforme a Su voluntad. Y la persona debe subyugarse a El Santo, Bendito Sea, con su alma, que está en el cerebro, y también con el corazón, que es lo principal de los placeres y los pensamientos, y a través de esto se acordará del Creador y disminuirá sus placeres (*Shulján Aruj, Oraj Jaim* 25:5, *Ben Ish Jai Vaiera alef*).

El modo de colocarse las filacterias

Respecto a la colocación de las filacterias, fue enseñado que la filacteria de la cabeza se coloca en el lugar que va desde el comienzo del crecimiento de las raíces del cabello, en la frente, hasta el final del lugar de la cabeza que está blando en los niños pequeños (Talmud, tratado de *Menajot* 37a; *Shulján Aruj, Oraj Jaim* 27:9). Y respecto a la filacteria del brazo, fue enseñado que se coloca sobre el bíceps del brazo más débil –o sea, el izquierdo en los diestros y el derecho en los zurdos– (Talmud, tratado de *Menajot* 37a; *Shulján Aruj, Oraj Jaim* 27:6). Asimismo, fue enseñado que el largo de la correa de la filacteria del brazo debe ser tal que rodee al brazo y ate con ella el nudo, y la extienda sobre el dedo mayor, y enrosque con ella sobre ese dedo tres vueltas, y la ate. Y hay una costumbre de enroscar sobre el brazo seis o siete vueltas con la correa (*Shulján Aruj, Oraj Jaim* 27:8).

En el libro *Ben Ish Jai* se enseñó que éste es el orden de la colocación de las filacterias: primeramente, ata la filacteria del brazo al brazo izquierdo sobre el bíceps, que es el lugar del brazo en el cual la carne está más elevada. Y (hay una costumbre de) cubrir el brazo con el manto de oraciones denominado *talit* para que la colocación de la filacteria del brazo sea en recato. Y eso está vinculado con una razón mística, por eso, incluso aunque esté solo, incluso aunque esté en una casa oscura, de todos modos, ha de cubrir su brazo con el manto de oraciones, y eso está indicado a modo de insinuación en la cita bíblica que manifiesta: «Porque la mano está sobre el trono de Dios» (Éxodo 17:15). Y Mahar"i Kastro dijo esta razón: está escrito: «Y será para ti por señal sobre tu brazo» (Éxodo 13:9). Para ti por señal, y no para otros.

Y no se debe atar la filacteria enroscando la correa sobre el bíceps, sino que después de que la ajustó bien, debe atar la letra *yud* de la correa a la filacteria. Y aunque sin hacer eso la letra *yud* ya está unida por el hilo del nervio (con que se une) a la caja, porque no se debe separar la base —denominada *titora* de la letra *yud*—, jamás, tal como fue enseñado en el Zohar, de todos modos, según una enseñanza mística, debe unir la letra *yud* a la correa, concentrándose en proyectar a la letra *yud* 370 irradiaciones de luminosidad. Porque 370, con el valor intrínseco de la palabra, que se denomina *kolel*, es el mismo valor numérico que el de correa. (Ya que correa en hebreo se escribe a través de la locución *retzua*, y el valor numérico de sus letras es el mencionado. Y el valor 370 contiene muchos secretos y revela la proyección de las energías supremas. Y un indicio de eso se puede observar multiplicando el valor 37, correspondiente a las letras ocultas del Nombre del Creador con sus letras expandidas, cuyo valor numérico es 63, por 10, que es la cantidad de energías con las que creó el mundo, y 37 por 10 da 370).

Y después de atar la letra *yud*, extiende la correa al brazo, y la enrosca alrededor del brazo, dando siete vueltas alrededor de éste. Y después de dar las siete vueltas, para, y se coloca la filacteria de la cabeza, de pie. Porque no se debe colocar la filacteria de la cabeza sino solamente después de dar las siete vueltas —con la correa sobre el brazo—.

Y después de colocarse la filacteria de la cabeza, inmediatamente a continuación, completa la colocación de la filacteria del brazo dando tres vueltas alrededor del dedo mayor. Y esas tres vueltas se realizan de este modo: ha de hacer una vuelta sobre la falange central del dedo mayor, y dos vueltas sobre la falange inferior de ese dedo. Y según las enseñanzas del rabino autor del libro *Matzat Shimurim*, que sea recordado para bendición, en el momento en que da las vueltas mencionadas —sobre las falanges del dedo mayor—, pronuncia el versículo que manifiesta: «Y te desposaré conmigo para siempre; y te desposaré conmigo con justicia, y con juicio, y con bondad y con misericordia. Y te desposaré conmigo con fidelidad, y conocerás a El Eterno» (Oseas 2:21–22) (I *Ben Ish Jai*: *Vayerá* 15 y 16).

Y en relación con lo mencionado, que alude a nuestro vínculo con el Creador como si fuese un casamiento, fue enseñado que las siete vueltas que se dan alrededor del brazo con la correa de la filacteria aluden a las siete bendiciones que se recitan en el momento de la boda para realizar el casamiento, y entonces, la novia se unirá con el novio. Y las tres vueltas que se dan alrededor del dedo aluden al anillo de compromiso que el novio coloca en el dedo de la novia *(Totzaot Jaim, Taamei Haminaguim)*.

Después de realizar las tres vueltas mencionadas sobre el dedo índice, y después de completar la colocación de la filacteria del brazo, introduce las correas de la filacteria de la cabeza en su cinto según este orden: a la correa izquierda la introduce en el extremo superior del cinto –o sea, de arriba hacia abajo–, frente a su pecho; y a la correa derecha la introduce en su cinto por debajo, en el extremo inferior del cinto –o sea, de abajo hacia arriba–, para que esté frente a su ombligo, según el misterio de lo que está escrito: «Uno era más alto que el segundo» (Daniel 8:3). Y es sabido que la energía denominada Bondad –*Jesed*– se denomina «larga» y la energía denominada Rigor –*Guevura*– se denomina «corta», tal como está escrito en (el libro) *Petijat Eliahu*: «Una larga y una corta». Y todo esto lo ha de hacer de pie, y debe ser cuidadoso en colocar los extremos de las correas también en el cinto para que las introduzca en su totalidad, para que no se deslicen sobre el suelo, tal como se menciona en (los libros) *Matzat Shimurim* y en *Mishnát Jasidim* (I *Ben Ish Jai: Vayerá* 17).

ÍNDICE

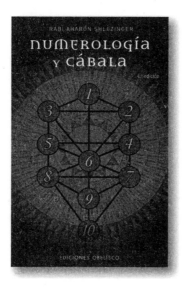

De acuerdo con la sabiduría ancestral de la cábala, los números son mucho más que meros signos matemáticos y las letras mucho más que códigos que sirven para formar palabras y nombrar objetos y personas. Cada número esconde tras de sí un mundo entero y cada letra hace referencia a maravillas y perlas de sabiduría. Sin comprender lo que los números y las letras enseñan, deambulamos por un mundo mudo que no tiene nada para decirnos y que no despierta nuestro verdadero interés. En este libro, el rabino Shlezinger nos invita a descubrir lo que la cábala nos enseña acerca del misterio de los números y las letras.